Kompetenz Ethik
für Wirtschaft, Wissenschaft und Politik
Ein Tool für Argumentation und Entscheidungsfindung

Markus Huppenbauer · Jörg De Bernardi

Versus · Zürich

Informationen zu Büchern aus dem Versus Verlag finden Sie unter
http://www.versus.ch

Bibliografische Information Der Deutschen Bibliothek

Die Deutsche Bibliothek verzeichnet diese Publikation in der
Deutschen Nationalbibliografie; detaillierte bibliografische Daten
sind im Internet über http://dnb.ddb.de abrufbar.

Das Werk einschließlich aller seiner Teile ist urheberrechtlich geschützt. Jede Verwertung ist ohne Zustimmung des Verlags unzulässig. Dies gilt insbesondere für Vervielfältigungen, Übersetzungen, Mikroverfilmungen und die Einspeicherung und Verarbeitung in elektronischen Systemen.

© Versus Verlag AG, Zürich 2003

Umschlagbild und Kapitelillustrationen: Bettina Baumann · Küsnacht
Satz und Herstellung: Versus Verlag · Zürich
Fotografie: Christine Seiler · Zürich
Druck: Comunecazione · Bra
Printed in Italy

ISBN 3 03909 009 7

Inhaltsverzeichnis

Vorwort **9**

1 Einleitung: Ein Gespräch über Ethik im Herbst 2002 .... **13**

2 Theorie **19**
    2.1 Was ist Ethik? 19
        2.1.1 Definitionen von Ethik 20
        2.1.2 Die Worte «richtig» und «gut» im moralischen Sinn 20
        2.1.3 Eine prozedurale Bestimmung des moralischen Standpunktes
              (moral point of view) 21
        2.1.4 Zum Unterschied von «Ethik» und «Moral» 22
        2.1.5 Deskriptive Ethik – Normative Ethik – Metaethik 23
        2.1.6 Prinzipien- und Tugendethik 24
        2.1.7 Deontologische und konsequenzialistische (oder teleologische) Ethik .. 25
        2.1.8 Instanzen und Quellen der Ethik 26
        2.1.9 Acht wichtige Ethiker 29
    2.2 Ethik in der modernen Gesellschaft 33
        2.2.1 Praktische Philosophie und angewandte Ethik 33
        2.2.2 In welchen Situationen entstehen ethische Fragen? 34
        2.2.3 Ethikbedarf und moralische Konflikte unter den spezifischen
              Bedingungen moderner Gesellschaft 35
        2.2.4 Pluralismus der moralischen Normen und Werte 36
        2.2.5 Die Aufgabe von Ethikern und Ethikerinnen 37
        2.2.6 Expertendilemmata 37

2.2.7 Die Unterscheidung von Ethik und Recht 38
2.2.8 Die Unterscheidung von Politik und Ethik 39
2.2.9 Ethik, Unwissenheit und Risiko 40
2.3 Die Implementierung moralischer Normen und Haltungen in
modernen Gesellschaften 41
    2.3.1 Staatliche Verbote oder Gesetze 42
    2.3.2 Selbstregulierung 42
    2.3.3 Lenkungsabgaben 43
    2.3.4 Der Handel mit negativen Effekten 44
    2.3.5 Transparenz 45
    2.3.6 Medien 45

3 Ethische Rhetorik **47**
3.1 Was ist ein gutes Argument? 48
    3.1.1 Welchen Status haben moralische Überzeugungen und Positionen? 48
    3.1.2 Ein Argument gegen den Relativismus 49
    3.1.3 Ethische Wahrheit als praktische Überzeugung 50
    3.1.4 Das reflektive Gleichgewicht in der ethischen Argumentation 50
    3.1.5 Entscheidungsverfahren im Umgang mit Dissens 51
    3.1.6 Was ist ein gutes Argument? 52
    3.1.7 Die logische Form eines guten Argumentes 54
    3.1.8 Der unvollständige Aufbau ethischer Argumentationen 55
    3.1.9 Die Struktur ethischer Diskurse 56
    3.1.10 Der Geist der ethischen Argumentation 58
3.2 Rhetorische Techniken des Argumentierens 59
    3.2.1 Das slippery slope-Argument (oder Dammbruch-Argument) 59
    3.2.2 Das «Schwarze-Schaf»-Argument 60
    3.2.3 Das Argument ad hominem 1 60
    3.2.4 Das Argument ad hominem 2 61
    3.2.5 Das Argument ad temperantiam 62
    3.2.6 Analogien, Gleichnisse und Geschichten 62
    3.2.7 Die red herring-Taktik 62
    3.2.8 Historisch-genetische Argumente 63
    3.2.9 Tabuisierung 63
    3.2.10 Übertreibung und Vereinfachungen 64
    3.2.11 Pappkameraden abschießen 65
3.3 Die Argumentationsstrategie in einem Leserbrief – ein Fallbeispiel 65
    3.3.1 Aufbau und Begründung der Argumentation 67
    3.3.2 Rhetorische Figuren und Wortwahl 71

4 Angewandte Ethik: Bereichsethiken und Fallstudien ... 75
4.1 Bereichsethiken ... 75
4.1.1 Medizinethik ... 76
4.1.2 Genethik ... 77
4.1.3 Politische Ethik ... 78
4.1.4 Wirtschaftsethik ... 80
4.1.5 Umweltethik ... 81
4.2 Ein Schema ethischer Urteilsfindung ... 83
4.3 Erste Fallstudie: Abbruch von Dämmen im Snake River (Nordwesten der USA) ... 85
4.3.1 Erster Schritt: Analyse des Ist-Zustands ... 86
4.3.2 Zweiter Schritt: Analyse der moralischen Prinzipien und Intuitionen ... 88
4.3.3 Dritter Schritt: Evaluation ausgehend vom moral point of view ... 89
4.3.4 Vierter Schritt: Stand der Dinge und Implementierung seit 2001 ... 91
4.4 Zweite Fallstudie: Das Verbot ritueller Schlachtung als Problem der politischen Ethik ... 92
4.4.1 Erster Schritt: Analyse des Ist-Zustands ... 93
4.4.2 Zweiter Schritt: Analyse der moralischen Prinzipien und Intuitionen ... 95
4.4.3 Dritter Schritt: Evaluation ausgehend vom moral point of view ... 96

5 Learning by Doing ... 105
5.1 Identifizierung eines moralischen Problems ... 105
5.2 Bilder zur Illustration unserer moralischen Intuitionen ... 106
5.3 Fischteich: Ethische Debatten von außen beobachten ... 107
5.4 Kompetitive Debatte oder Rede ... 107
5.5 Einen Leserbrief schreiben ... 108
5.6 Rekonstruktion vergangener Ethikdebatten ... 109
5.7 Rollenwechsel und Überzeugungsarbeit ... 110
5.8 Web-basierte Diskussionsforen ... 111
5.9 Tugendhafte Menschen identifizieren ... 112
5.10 Geschichten erzählen ... 113
5.11 Warum ethisch sein: Eine Begegnung mit Außerirdischen ... 113
5.12 Gullivers moralische Reisen ... 114
5.13 Ethikkodex und code of conduct ... 115
5.14 Implementierung ... 115
5.15 Fallstudien ... 116
5.16 Textanalysen ... 117
5.17 Lektüre von philosophischen Texten zur Ethik ... 118
5.18 Selbststudium ... 119

6 Abschluss: Gelebte Ethik **121**
  6.1 Wie wird man ein guter Mensch? 121
  6.2 Selbstständig denken 122
        6.2.1 Ökonomisierung der Lebenswelt: Von den Kosten gelebter Ethik 123
        6.2.2 Fremdbestimmung durch Experten am Beispiel des Gesundheitswesens 124
  6.3 Die moralische Versuchung unserer Zeit: Folge nur deinem Herzen! 125
  6.4 Angewiesensein auf die andern: Voraussetzungen menschlichen Handelns ... 126
  6.5 Grenzen unserer Handlungsmacht 127

Literaturverzeichnis **129**

Stichwortverzeichnis **131**

Vorwort

Technische und gesellschaftliche Entwicklungen eröffnen ständig neue Handlungsspielräume. Tradierte Welt- und Moralvorstellungen werden fragwürdig, und es entstehen dadurch Orientierungsprobleme. Was «gut» und was «richtig» ist, scheint immer weniger klar, und im Umgang mit den offenen Fragen fühlt man sich schnell überfordert. Gerne würde man dem durch eine Ausbildung in Ethik entgegenwirken.

Dies ist der Zweck des vorliegenden Buches. Es geht aus einem von der Schweizerischen Studienstiftung konzipierten Seminar hervor.

Dieses setzt sich zum Ziel, interessierten Studierenden im Rahmen einer insgesamt dreitägigen Veranstaltung eine praxisorientierte Einführung in die Ethik zu geben. Neben einer knappen theoretischen Einführung steht die praktische Arbeit in Form von Argumentationsanalysen, Fallstudien und Gruppenarbeiten im Vordergrund. Nach dem Besuch des Seminars sollen die Teilnehmenden ein moralisches Problem identifizieren, dieses systematisch untersuchen, vom *moral point of view* (siehe dazu Abschnitt 2.1.3) aus eine eigene Meinung formulieren sowie diese in der Debatte kompetent vertreten können.

Der vorliegende Text ist die für ein breiteres Publikum überarbeitete Version dieses Seminars. Er eignet sich sowohl als Grundtext für Seminare – sei es in der Wirtschaft, der Verwaltung oder in Ausbildungsstätten wie der Fachhochschule oder der Universität – wie auch für das Eigenstudium.

Die Schweizerische Studienstiftung ist eine weltanschaulich neutrale, gemeinnützige Stiftung zur Förderung besonders talentierter und exzellenter Studierender an Schweizer Hochschulen. Aktuelle Informationen finden Sie unter der Adresse: www.studienstiftung.ch

Ethik trägt nur wenig dazu bei, bessere Menschen aus uns zu machen. Ethik kann auch nicht die oben erwähnte Verunsicherung und Orientierungslosigkeit beheben. Ethik wird nur helfen, sich bezüglich der moralischen Probleme unserer Zeit reflektierter und bewusster zu orientieren. Ethikkompetenz verstehen wir dementsprechend als die Fähigkeit, von den eigenen moralischen Intuitionen und Überzeugungen Abstand zu nehmen und sie kritisch zu hinterfragen. Sie besteht unter anderem in der Bereitschaft, Argumente für oder gegen bestimmte normative Positionen ernst zu nehmen und auf einen offenen Ausgang hin sorgfältig abzuwägen. In diesem Sinne ist Ethik zunächst einmal eine argumentative Kompetenz, mehr methodisch-rhetorische Fertigkeit als theoretisches Wissen. Ethikkompetenz *in diesem Sinne* gilt es angesichts der eingangs angesprochenen Verunsicherung zu schulen.

Wir haben uns während des Schreibens Zurückhaltung auferlegt. Überall könnte man mehr sagen und müsste man differenzieren. Das Buch sollte jedoch nicht umfassend und systematisch, sondern knapp und effizient das Wesentliche für jenes Zielpublikum vermitteln, das mit wenig Zeitaufwand seine Ethikkompetenz erhöhen will. Natürlich wäre es wünschenswert, die so gewonnene Kompetenz mit einem umfassenderen theoretischen Hintergrund auszustatten sowie diese auch auf der reflexiven Ebene stärker abzusichern. Während sich unseres Wissens *dafür* eine Vielzahl von hervorragenden Lehrbüchern und Einführungen finden lässt, gibt es im deutschen Sprachraum erstaunlicherweise kaum Ethikbücher, die wie der vorliegende Band Ethik zuerst als Anleitung zur praktisch-rhetorischen Kompetenz vorführen.

Der Text beginnt nach einem *Gespräch* als Einleitung (Kapitel 1) mit einem *Theorieteil* (Kapitel 2): Es handelt sich dabei um eine auf das Wesentlichste komprimierte Zusammenstellung derjenigen Begriffe und Gedankengänge ethischer Theorie, die unseres Erachtens zum Erreichen der oben genannten vier Lernziele unbedingt erforderlich sind. Die einzelnen Unterkapitel und Abschnitte sind jeweils in sich geschlossen, so dass sie auch unabhängig voneinander gelesen werden können.

Es folgt im Kapitel 3 eine Einführung in die *ethische Argumentationslehre* mit einer ausführlichen *Analyse eines Leserbriefes*. Der Rhetorik in der Praxis des ethischen Diskurses messen wir ein größeres Gewicht zu als die üblichen Ethikeinführungen. Die detaillierte Analyse der Argumentation eines kurzen Textes hilft, das Verständnis für rhetorische Mechanismen zu schärfen.

Im Kapitel 4 stellen wir nach einer kurzen Einführung in einige der wichtigsten *Bereichsethiken* ein *Schema zur ethischen Urteilsfindung* vor, anhand dessen moralische Probleme untersucht und einer Beurteilung vom *moral point of view* aus zugeführt werden können. Das Schema deklinieren wir beispielhaft an zwei *Fallstudien* durch.

Kapitel 5 bietet *Anregungen zum Lernen und Lehren*. Es finden sich dort unter anderem Übungen sowie Tipps und Tricks für die alltägliche ethische Arbeit. Diese Materialien sollen vorwiegend als Anregung für eigenes Arbeiten dienen.

Kapitel 6 schließt das Buch mit jener Frage ab, die Ihnen als an der Ethik interessierten Lesern und Leserinnen wohl am nächsten liegt: Wie spricht man nicht nur über Ethik, *sondern lebt sie auch?* Die Frage bringt uns in Verlegenheit, denn sie führt weit über das hinaus, wofür Ethik zuständig sein kann. Rezepte haben wir keine, sondern nur einige vorsichtige Überlegungen, Begriffe und Kriterien, die allenfalls beim Versuch, Ethik zu leben, hilfreich sein könnten.

Die Geschlechterdifferenz spielt an keiner Stelle unseres Buches eine Rolle. Wo uns die Sprache zwingt, eine maskuline oder feminine Form zu verwenden, haben wir das nach dem Zufallsprinzip gemacht.

Unser Dank geht an Markus Huber, Peter Schaber und Elisabeth Weber. Sie alle haben das Manuskript oder Teile davon gelesen und uns wertvolle Hinweise und Kritik gegeben. Dr. Florian Ricklin sei für die Erlaubnis gedankt, einen Leserbrief wieder abzudrucken. Dem Team des Versus Verlags danken wir für die sorgfältige und professionelle Betreuung, Peter Rohrbach für das sorgfältige Korrekturlesen unserer Arbeit.

Wir widmen das Buch der Schweizerischen Studienstiftung – ihren Studierenden und ihren Gründern, Elisabeth Stumm und Eric Kubli. Ohne dieses äußerst anregende intellektuelle Milieu wäre das Buch nicht entstanden.

Markus Huppenbauer und Jörg De Bernardi,
um Ostern 2003

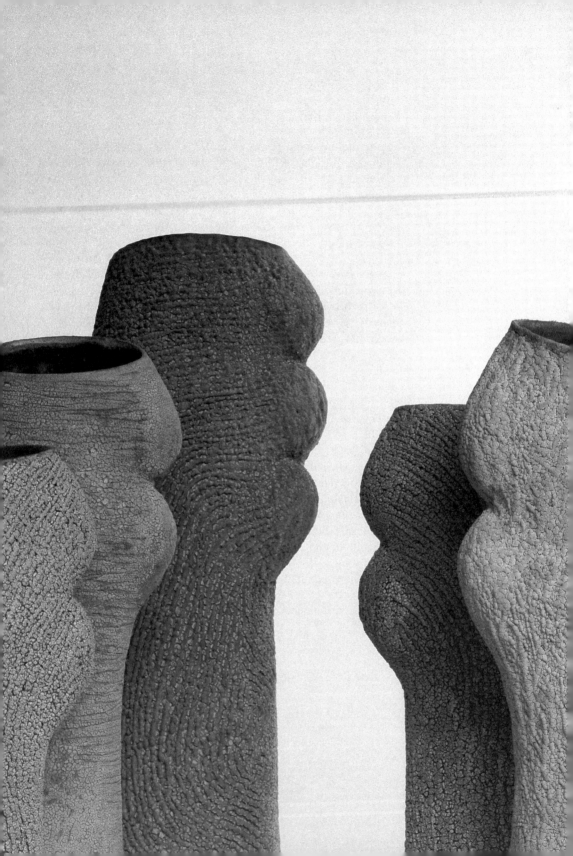

1
Einleitung:
Ein Gespräch über Ethik im Herbst 2002

Der vor Ihnen liegende Text entstand dank vielen Gesprächen mit Studierenden und soll Ihnen eine Anleitung für den ethischen Diskurs geben. Wir leiten ihn darum mit einem fiktiven Gespräch über Ethik ein. Die (natürlich völlig überzeichneten) Gesprächsteilnehmenden sind eine engagierte Globalisierungsgegnerin, ein Macher aus dem Bereich der Wirtschaft, ein besorgter Wertkonservativer, eine Wissenschaftlerin aus dem Bereich der Grundlagenforschung und natürlich die beiden Autoren (mit einem etwas belehrenden Stil). Der konstruierte Dialog soll eine erste Annäherung an unser Ethikkonzept geben.

Die Autoren Wir danken Ihnen, dass Sie sich zu diesem Gespräch zusammengefunden haben. Wie Sie wissen, wollen wir über einige zentrale Fragen heutiger Ethik diskutieren.

Wir möchten zum Anstoßen des Gesprächs eine erste Frage stellen: Wie steht es aus Ihrer Perspektive um die Lage der Ethik in unserer Gesellschaft? Dürfen wir jede und jeden um ein kurzes Eingangsvotum bitten?

Macher	Ich muss gestehen, dass ich Ihre Frage nicht ganz verstehe. Natürlich stehen wir gegenwärtig wirtschaftlich nicht gerade optimal da. Sie kennen ja die Fakten. Aber wenn Sie schon eigens nach der Ethik fragen, meine ich, dass wir hier keinen Grund zum Klagen haben: Die Unternehmen haben riesige Anstrengungen im Bereich sozialer und ökologischer Verantwortung übernommen. Neben gesetzlichen Vorschriften gehen sie laufend freiwillige Vereinbarungen ein und definieren *codes of conduct*. Natürlich gibt es immer wieder schwarze Schafe, aber insgesamt denke ich, dass wir die entsprechenden Herausforderungen in den letzten Jahren gut angepackt haben.
Globalisierungsgegnerin	Ich sehe das völlig anders. Die geballte Wirtschaftsmacht des Nordens verbreitet sich völlig entfesselt über die ganze Welt. Nur der eigene Profit zählt, und dem werden die Rechte und Werte anderer Kulturen geopfert. Schauen Sie doch nur, wie beispielsweise der durch Rio 92 so hoffnungsvoll gestartete Prozess allerorten abgeklemmt worden ist. Wir leben mehr denn je auf Kosten des Südens und vor allem auch auf Kosten der Natur. Wir haben es völlig verlernt, wie andere Kulturen im Einklang mit der Natur zu leben. Die Ethik unserer Machteliten ist ungerecht und letztlich verheerend für die heute Lebenden, die zukünftigen Generationen und die Natur.
Konservativer	Ich bin nicht der Ansicht, dass man den Unternehmen und den von ihnen entwickelten Technologien in dieser Weise den schwarzen Peter zuschieben muss. Unser Problem ist doch eher, dass ganz generell die private und die öffentliche Moral abgedankt haben. Die früher geltenden Werte und Institutionen sind erodiert, niemand weiß mehr, was Recht und Gerechtigkeit sind. Es findet sich eine *anything-goes*-Moral, wo jeder sein eigenes Ego hätschelt. Niemand ist mehr bereit, seinen Eigennutz unter das Gemeinwohl zu stellen. Das gilt für die, welche vom Sozialstaat profitiert, genauso wie für den, der als Manager eines Unternehmens in seine eigene Tasche wirtschaftet.
Wissenschaftlerin	Wer wirklich in welchem Ausmaß für Verteilungs- und Gerechtigkeitsprobleme verantwortlich ist, das muss man doch empirisch untersuchen. Man darf hier nicht bloß Behauptungen aufstellen. Wichtiger scheint mir zudem, dass wir die real anstehenden Probleme lösen: Bevölkerungsdruck, Ernährungsfragen und Umweltprobleme. Um weiterzukommen, bedarf es intensiver Forschung, etwa im Bereich der Landwirtschaftstechnologien. Nur eine breite Forschung, die allen zugute kommt, hilft uns, die Probleme zu lösen.

Die Autoren	Herzlichen Dank für Ihre Statements. Diese zeichnen sich durch eine große Vielfalt aus. Wir glauben, dass sich darin der Wertepluralismus unserer Gesellschaft spiegelt. Und doch fällt uns auf, dass Ihre Voten auch etwas gemeinsam haben: Sie scheinen – trotz unterschiedlichster Positionen – alle zu wissen, was wir unter «Ethik» zu verstehen haben.
Macher	Entschuldigen Sie, ich bin ein Mann der Praxis. Ich sehe da wirklich kein Problem. Es geht uns doch allen letztlich gut, die wirtschaftliche Entwicklung und der technische Fortschritt lassen keinen vernünftigen Menschen daran zweifeln. Wir brauchen keine Ethikdefinitionen, wichtiger ist, dass den innovativen Unternehmern möglichst wenig Hindernisse im Weg stehen. Eine effiziente Wirtschaft auf möglichst freien Märkten weltweit – das ist es doch, was unsern Wohlstand, auch den unserer Kritikerinnen, mehrt. Das ist doch ethisch!
Die Autoren	Natürlich ist das alles nicht verkehrt, aber Sie können ja nicht leugnen, dass gerade die von Ihnen vertretenen ökonomischen Werte nicht mehr von allen Mitbürgern und -bürgerinnen geteilt werden. Uns interessiert, wie wir die Vertreter dieser unterschiedlichen Positionen vernünftig miteinander ins Gespräch bekommen. Wir gehen davon aus, dass jede oder jeder, die oder der ein relevantes Interesse vertritt, ein Recht auf Berücksichtigung ihrer oder seiner Interessen im ethischen Diskurs hat. Und wir gehen davon aus, dass Ethik in diesem Sinn zunächst einmal versuchen sollte, parteilos zu sein.
Globalisierungsgegnerin	Ich bitte Sie, das ist doch naiv. Dass alle ihre Interessen vertreten sollen, das ist ja eine Selbstverständlichkeit – aber letztendlich geht es um Parteinahme, es geht um die Respektierung der Würde aller Menschen, und es geht um den Schutz der Natur. Da ist eben nicht alles erlaubt, da müssen eindeutige Grenzen des Machbaren gezogen werden. Mir scheint, Sie steuern mit Ihrem Vorschlag eine Art akademisch-abstrakte Ethik an, die dann letztlich den Interessen der Mächtigen zugute kommt, eine Art Hofethik also. Nehmen wir doch etwa die Argumente einzelner Ethiker für Freisetzungsversuche von gentechnisch veränderten Organismen: Damit unterstützen diese ja, vielleicht ohne dass sie es wollen, die Gewinnmaximierungsstrategien der Multis.
Die Autoren	Wenn Ethiker inhaltlich Position beziehen, sind sie auch nur eine Stimme im vielfältigen ethischen Diskurs unserer Gesellschaft. Gerade darum, gerade weil eh alle mit lauter Stimme ihre eigenen

Interessen verfolgen, haben wir als Ethiker das Ideal, hier zunächst einmal auf Distanz zu gehen. Natürlich soll Ethik Orientierung bezüglich unserer Normen und Werte geben. Aber das ist nicht Voraussetzung ethischer Reflexion, sondern ihr Resultat. Um dahinzugelangen, versuchen wir einen Weg einzuschlagen, der möglichst neutral und rational klärt, wessen Interessen warum welches Gewicht haben sollten.

Konservativer   Sehe ich das recht, dass Sie versuchen einen Weg einzuschlagen, der dem Relativismus trotzt? Einen Weg, der Ethik nicht in die bloße Beliebigkeit münden lässt?

Die Autoren   Ja, das stimmt. Wir glauben nicht, dass die Position des Relativismus haltbar ist. Allerdings unterscheiden wir uns auch signifikant von traditionellen Typen der Ethik. Wir glauben nicht mehr daran, dass es gelingt, Ethik ein für alle Mal zu definieren und auf ein fixes oder gar gottgegebenes Fundament zu stellen. Niemand unter uns kann heute einen entsprechenden Anspruch legitimerweise vertreten. In einer immer komplexer werdenden Welt versuchen wir stattdessen herauszufinden, worauf wir uns bezüglich unseres Handelns und Lebens vernünftigerweise einigen sollten.

Wissenschaftlerin   Natürlich ist das schön, was Sie da vorhaben, aber ist es nicht doch etwas abgehoben? Nehmen wir doch nur das Problem des globalen Klimas. Wissenschaftliche Modelle legen es nahe, dass Menschen für die globale Erwärmung zumindest teilweise verantwortlich sind. Und die Folgen dieser Erwärmung könnten sehr gravierend sein. Es ist doch nur vernünftig, wenn wir alles in unserer Macht Stehende unternehmen, um das Schlimmste abzuwenden. Wichtig ist darum, dass wir Wissenschaftler der Öffentlichkeit kommunizieren, wie problematisch die ökologische Situation ist und dass Handeln unbedingt nötig ist. Unser Hauptproblem ist doch das Umsetzen dieser Einsichten.

Macher   Umsetzen – das ist gut. Aber mit Verlaub, hier ist sich dann jeder selbst der Nächste. Natürlich sind ethische Werte gut, aber zunächst einmal müssen wir doch dafür besorgt sein, dass eine entsprechende wirtschaftliche Basis gelegt ist. Die beste Ethik ist noch immer eine gut funktionierende Wirtschaft. Und Sie können doch von Unternehmen nicht erwarten, dass sie etwas tun, was ihren Interessen widerspricht. Was nützt uns die ganze Ethik, wenn dabei die Wirtschaft Schaden nimmt?

1 Einleitung: Ein Gespräch über Ethik im Herbst 2002

Die Autoren	Das ist natürlich ein Problem. Normative Ethik hat immer auch ein kritisches Potenzial gegenüber den bestehenden Verhältnissen. Und die Frage ist schon, ob wir eine Implementierung ethischer Normen ganz ohne Kosten haben können. Allerdings: Zu hoch dürfen die Kosten weder in ökonomischer noch in psychischer Hinsicht sein. Sonst ist normative Ethik zum Scheitern verurteilt, was ja nicht der Sinn der Sache sein kann. Implementierbarkeit ist also ein wichtiges Kriterium einer normativen Ethik. Aber man sollte die ethische Reflexion auch nicht zu früh mit der Forderung nach pragmatischer Umsetzung blockieren. Oft vermögen Phantasie und Einfühlungsvermögen Wege aufzuzeigen, welche auch in ethischer Hinsicht Innovationen ermöglichen.
Globalisierungsgegnerin	Schön wär's! Das Problem ist doch häufig gerade dies, dass niemand auf unsere neuen Vorschläge hören will. Oft komme ich mir vor, wie wenn ich gegen Mauern rennen würde. Das macht mich zornig!
Die Autoren	Ja, ohne eine gewisse Bereitschaft, andere Positionen anzuhören und sich in seinen eigenen Meinungen durch sie in Frage zu stellen, funktioniert ein ethischer Diskurs nicht. Aber bevor man seinem Zorn oder umgekehrt seiner Macht freien Lauf lässt, sollte man alle diskursiven Mittel ausgeschöpft haben. Wir glauben darum, dass es neben theoretischem Wissen auch einige methodische und rhetorische Kompetenzen braucht, um eine Position normativer Ethik zu finden und erfolgreich zu kommunizieren. Wir laden Sie alle ein, sich darin zu erproben! Dieses Buch will Ihnen dabei Hilfen und Anregungen geben.

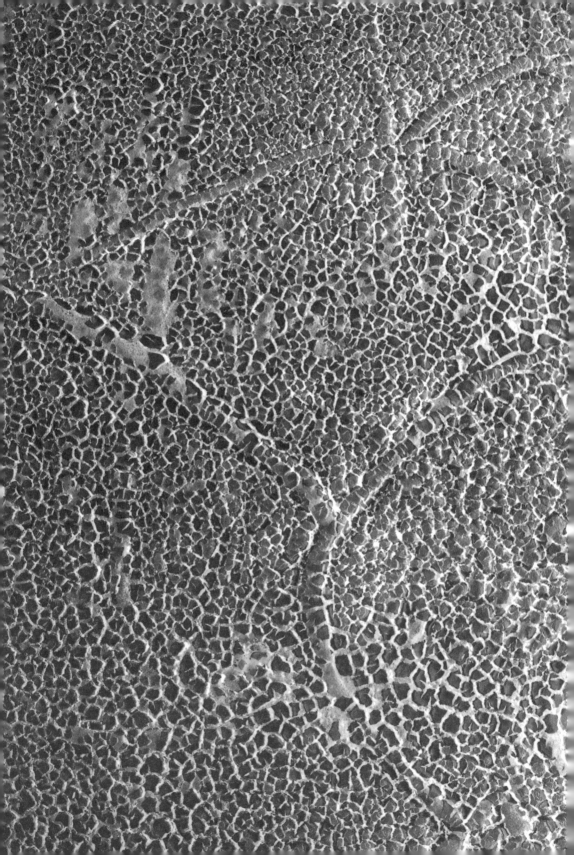

2 Theorie

Ohne Rückgriff auf theoretisches Wissen gibt es, zumindest unter den Bedingungen moderner Gesellschaften, keine rationale oder vernünftige Ethik. Mehr noch, man würde auf elementare Instrumente verzichten, versuchte man, eine Ethik ohne etwas Theorie nur mit Tradition und (subjektiver) Erfahrung aufzubauen. Im Folgenden haben wir einige der relevantesten Unterscheidungen und Begriffe der akademischen Ethik in knapper Form, teilweise fast holzschnittartig, zusammengefasst. Natürlich handelt es sich dabei um ein Auswahl. Eine Auswahl allerdings, von der wir glauben, dass sie einige der in der Praxis am häufigsten verwendeten und benötigten Begriffe vorlegt.

Die einzelnen Kapitel und Abschnitte sind so verfasst, dass sie auch einzeln gelesen werden können.

2.1 Was ist Ethik?

In diesem Kapitel legen wir grundlegende Definitionen von Ethik vor und führen einige der zentralen Begriffe und Unterscheidungen moderner Ethik ein.

2.1.1 Definitionen von Ethik

Das Wort «Ethik» bezeichnet einerseits die Lehre vom guten oder gelingenden Leben und andererseits die Reflexion über das richtige oder gerechte Handeln. Dabei halten wir fest:

- Ethik leitet zur analytischen Klärung und argumentativen Begründung unserer moralischen Überzeugungen und Intuitionen an.
- Ethik macht wertende oder, wie man auch sagt, normative Aussagen. Sie ist keine empirische Wissenschaft, die nur vorliegende Fakten und Sachverhalte beschreibt und erklärt. Nicht Beschreibungen, Erklärungen oder Prognosen sind ihr Thema, sondern Regeln, Vorschriften, Gesetze, Werte und Normen, die unser Handeln orientieren. Normative Ethik spricht über das, was sein soll, aber vielleicht (noch) nicht ist. Sie macht präskriptive, nicht deskriptive Urteile.
- Ethik setzt voraus, dass Menschen, Institutionen oder Unternehmen Handlungsspielräume (traditionell: Freiheit) haben und wahrnehmen. Nur dort, wo wir Handlungsspielräume haben oder wahrnehmen, macht es überhaupt Sinn, nach dem guten oder gelingenden Leben und nach dem richtigen oder gerechten Handeln zu fragen.

Wer seine Kenntnisse dieser Begriffe und Unterscheidungen vertiefen will, nimmt mit Vorteil eines der neuen Ethikhandbücher zu Hilfe. Empfehlenswert sind beispielsweise Otfried Höffe, *Lexikon der Ethik*, oder Marcus Düwell, *Handbuch Ethik*.

> Ethik thematisiert oder macht selbst normative, das heißt präskriptiv-vorschreibende Urteile über das gute Leben und das richtige Handeln.

2.1.2 Die Worte «richtig» und «gut» im moralischen Sinn

Niemand würde bestreiten, dass Worte wie «gut» oder «richtig» im moralischen Diskurs zentral sind. Tatsache ist aber, dass die Worte «richtig» und «gut» je nach Kontext Unterschiedliches bedeuten: Auch in der Politik, der Ökonomie und der Technik gibt es normative Fragen nach den richtigen Regeln und dem (dann eben außermoralischen) Guten. So wird etwa von einem guten Motor gesprochen oder für ein gutes Produkt der Finanzdienstleistungsbranche geworben. Fußballspieler können gut sein, ohne dass damit Urteile über ihre moralischen Qualitäten gemacht würden. Wie also wollen und sollen wir das spezifisch moralisch Richtige und Gute bestimmen? Oder anders gefragt: Wie lässt sich der sogenannte *moral point of view* definieren (siehe Abschnitt 2.1.3)?

Natürlich haben wir alle intuitive Vorstellungen davon, was etwa «gerecht» bedeuten könnte. Wir umschreiben diesen zentralen Begriff unserer Moral dann mit andern Worten wie «Parteilosigkeit», «Fairness» und «Loslösung von Partikularinteressen». Oder den Ausdruck «gelingendes Leben» verstehen wir – im Hinblick des «aufs Ganze des Leben betrachteten Guten» – als ein Leben, das stimmig ist. So gesehen haben wir allerdings nur ein Wort durch andere Begriffe aus dem Bereich der Moral ersetzt. Das lässt sich kaum vermeiden, denn das moralisch Richtige oder Gute ist nicht auf außermoralische Bedeutungen reduzierbar. Jedoch kann es auch nicht völlig unabhängig von diesen bestimmt werden.

Beispiel: Der Bau eines thermischen Kraftwerks
Nehmen wir an, der Bau eines thermischen Kraftwerks sei ökonomisch effizient, umweltpolitisch vertretbar und politisch durchsetzbar. Nun ist man vielleicht geneigt zu fragen: Ist der Bau des Kraftwerks auch vom *moral point of view* richtig? Wenn etwas in jeder außermoralischen Hinsicht richtig ist, wird es immer schwieriger zu fragen, ob es auch moralisch richtig sei. Wir glauben trotzdem, dass die Frage sinnvoll bleibt. Wir können ja beispielsweise fragen, ob es moralisch richtig sei, dass die Anrainer im Fall eines Unfalls einem höheren Risiko ausgesetzt sind als andere. Aber dennoch: Moralische Urteile lassen sich von außermoralischen nicht immer sauber trennen.

Zudem ist unser Verständnis des moralisch Richtigen oder Guten immer eingebettet in Weltanschauungen und kulturelle Praxis, Gemeinschaft und Geschichte. Insofern ist es recht schwierig, moralische Urteile zu verstehen, ohne eine entsprechende Sozialisation oder kulturelle Praxis zu haben.

> Moralisch interpretieren wir «richtig» oder «gut» ausgehend von bestimmten Intuitionen und Wertvorstellungen unserer kulturellen Praxis im Sinn von gerecht, nichtegoistisch, fair oder dann im Sinn vom Gelingen oder Glücken eines Lebens. «Gut» oder «richtig» kann in anderen Sprachspielen etwas anderes bedeuten.

2.1.3 Eine prozedurale Bestimmung des moralischen Standpunktes (moral point of view)

Wir empfehlen, die Frage nach dem *moral point of view* zunächst auf einer prozeduralen Ebene anzusiedeln. Statt also ganz generell, gleichsam in metaphysischer Weise zu fragen, was das Gute und Gerechte an sich sei, legen wir eine zwar unvollständige, aber für praktische Zwecke hinreichende Definition vor. Wer vom *moral point of view* aus zu argumentieren beansprucht, unterwirft seine Argumentation einer Reihe von vernünftigen Verfahrensregeln (darum eben die Rede von der prozeduralen Ebene):

- Ethische Argumentationen sollen möglichst widerspruchsfrei und in sich konsistent sein.
- Ethische Begründungen sollen intersubjektiv nachvollziehbar sein: Wir rekurrieren nur auf allgemeine Prinzipien und in der jeweiligen Situation evidente Intuitionen, nicht aber auf (spezifische) Offenbarungswahrheiten.
- Ethische Kommunikation soll diskursiv sein: Sie ist offen für Widerlegungen, und sie anerkennt das bessere Argument (siehe dazu Abschnitt 3.1 «Was ist ein gutes Argument?»).
- Das Ziel sollen allgemeingültige Urteile sein: Wir streben nach Verallgemeinerung und bemühen uns aktiv um einen unparteilichen Standpunkt, der von bloßen Selbstinteressen abstrahiert.

Prozedural orientieren wir uns in der Ethik an den theoretischen Idealen der Konsistenz, der Intersubjektivität, Diskursivität und der Unparteilichkeit der Begründung.

2.1.4 Zum Unterschied von «Ethik» und «Moral»

Mit dem Wort «Moral» bezeichnen wir jene mehr oder weniger bewussten Intuitionen und Überzeugungen, die bei Individuen, in Gruppen oder in einer Gesellschaft faktisch als Normen und Werte des Handelns und spezifischer Haltungen wirksam sind. Die kritisch-philosophische Reflexion faktisch vorliegender Moral nennen wir Ethik. Zur Ethik gehören zudem die Resultate der kritisch-philosophischen Reflexion, das heißt eigene und nun eben wohl begründete normative Positionen.

Die faktisch gelebte Moral ist allerdings nicht notwendigerweise vom Standpunkt *ethischer Reflexion* aus gesehen gut. Betrachten wir folgenden Fall: Angehörige der Mafia orientieren sich in ihrem Handeln wie andere Menschen an bestimmten moralischen Normen. Auch die Mafia hat also eine Moral. Aber nur wenige Menschen würden diese Moral als ethisch legitim beurteilen. Vorliegende Moral kann und muss also jederzeit zum Thema einer kritischen ethischen Reflexion werden. Moralische Urteile können sehr wohl ohne ethische Reflexion auskommen, ethische Reflexionen hingegen stützen sich in der Regel auf schon vorhandene moralische Intuitionen und/oder Normen.

«Moralisch» nennen wir in unserem Buch, was in einem oft sehr weiten Sinn des Wortes als zu einer Moral zugehörig beschrieben werden kann (moralische Prinzipien, Fragen und Probleme usw.).

2.1 Was ist Ethik?

«Ethisch» nennen wir, was dezidert zu Voraussetzung (z.B. ethische Fragen), Vollzug oder Resultat ethischer Reflexion gehört (siehe «Normative Ethik» in Abschnitt 2.1.5). Nicht immer lassen sich diese Begriffe sauber auseinander halten. Wir setzen sie in der Regel ein, um die eine oder die andere der eben erwähnten Bedeutungen hervorzuheben.

> Das Wort «Moral» bezeichnet die Normen und Werte von Individuen, Gruppen und Gesellschaften, die faktisch deren Handeln und deren Haltungen orientieren. Das Wort «Ethik» bezeichnet die Reflexion (Klärung und Begründung) dieser moralischen Normen und entsprechender Haltungen.

2.1.5 Deskriptive Ethik – Normative Ethik – Metaethik

Man unterscheidet in der Regel drei verschiedene Ebenen der wissenschaftlichen Ethik:

1. Die deskriptive Ethik beschreibt bestimmte Ausprägungen der Moral. Die Fallstudien und Textanalysen, wie wir sie im weiteren Verlauf des Buches präsentieren werden, setzen häufig mit einer Beschreibung der in einer Situation oder in einem Text wirksamen moralischen Überzeugungen und Intuitionen ein.
2. Die normative Ethik (Ethik im eigentlichen und engeren Sinn des Wortes, siehe Abschnitt 2.1.4) nimmt zu moralischen Normen und Prinzipien, zu Haltungen oder Handlungsintentionen wertend Stellung und versucht, gute Argumente und Gründe dafür oder dagegen zu geben.
3. Die Metaethik geht noch einen Schritt weiter: Als Theorie über das, was Ethik ist, nimmt sie beispielsweise Fragen der Methodologie auf, grenzt die Ethik von anderen Fächern ab, versucht Begründungsmodelle normativer Aussagen in einen umfassenderen philosophischen Kontext zu integrieren, macht sich zu den Aufgaben und Möglichkeiten der Ethiker und Ethikerinnen in der Gesellschaft Gedanken. Die Ausführungen unseres Buches fallen zu einem großen Teil unter den Titel «Metaethik».

> Deskriptive Ethik beschreibt Moral; normative Ethik nimmt zu dieser wertend Stellung; Metaethik umfasst alle Reflexionen *über* die Ethik.

2.1.6 Prinzipien- und Tugendethik

Es gibt natürlich weitere, hier von uns nicht thematisierte Typen normativer Ethik, die nochmals andere Aspekte behandeln. Stichwortartig seien genannt Theorien der Gerechtigkeit, Klugheitsethiken, feministische Ethiken oder narrative Ethiken.

Wenn heute in der öffentlichen Diskussion von «Ethik» gesprochen wird, bezieht man sich meistens auf eine sogenannte «Prinzipienethik»: Deren Thema sind einzelne Handlungen oder Handlungsoptionen und Technologien, zu denen man mit Bezug auf übergeordnete, mehr oder weniger allgemeine moralische Prinzipien ethisch Stellung nimmt. In unserer Definition zu Beginn dieses Kapitels (siehe Abschnitt 2.1.1 «Definitionen von Ethik») haben wir diesbezüglich vom richtigen und gerechten Handeln gesprochen.

Moralische Prinzipien haben die Form von allgemeinen und abstrakten normativen Urteilen. Beispiele moralischer Prinzipien von sehr hohem Allgemeinheitsgrad sind etwa das Gebot der Ehrfurcht vor dem Leben, das Prinzip der Gerechtigkeit oder die sogenannte «goldene Regel» («Was du nicht willst, dass man dir tu, das füg auch keinem andern zu!») und der in der Ethik berühmte kategorische Imperativ von Immanuel Kant («Handle so, dass du die Menschheit, sowohl in deiner Person, als in der Person eines jeden andern, jederzeit zugleich als Zweck, niemals bloß als Mittel brauchest.»). Weniger weit reichend, aber immer noch von sehr hohem Allgemeinheitsgrad sind beispielsweise das Tötungsverbot, das Gebot, unnötige Leiden zu vermeiden, oder das Gebot, Gleiches gleich zu behandeln. Das Problem einer ausschließlich an Prinzipien orientierten Ethik ist ihre Abstraktheit: Prinzipien nehmen – wenn man das so sagen darf – keine Rücksicht auf konkrete Situationen und entsprechende subjektive Zustände (Emotionen, Intuitionen usw.).

Die Tugendethik hingegen, die im Zentrum der Ethik des Altertums und des Mittelalters stand, befasst sich mit persönlichen *Haltungen,* mit Charakterzügen wie Ehrlichkeit, Respekt, Tapferkeit, Bescheidenheit: Diese sind nur mittelbar für einzelne Handlungen relevant. Ihre Funktion ist es vielmehr, Menschen im Hinblick auf zu erreichende Ziele (das für sie als Menschen Gute, das gelingende Leben, siehe Abschnitt 2.1.1 «Definitionen von Ethik») kompetent zu machen. Diese Haltungen, oder eben Tugenden, werden nicht primär durch Gebote oder Verbote, sondern über Geschichten, Vorbilder und die Einübung in der Gesellschaft angeeignet. Die situative Umsetzung dieser Haltungen in spezifische Handlungen unterliegt mehr als in der Prinzipienethik einer gewissen Interpretationsoffenheit. Die Fähigkeit zur «richtigen» Umsetzung könnte man selbst als Tugend interpretieren.

Gewisse moralische Probleme, wie etwa die Exzesse einiger Führungskräfte von Unternehmen in den 1990er Jahren, scheinen vor allem mit den Haltungen einzelner Menschen zu tun zu haben. Was angesichts des Egoismus einiger Führungskräfte zu fehlen scheint, ist nicht etwa die Kenntnis moralischer Prinzipien, sondern das Fehlen von Tugenden wie etwa der des Maßhaltens. Andererseits können mit Tugenden allein eine Reihe von moralischen Problemen unserer Gesellschaft nicht adäquat bearbeitet werden: Fragen etwa der Gentechnologie («Sollen wir gentechnisch veränderte Organismen freisetzen oder nicht?») bedürfen zu ihrer Klärung des Rekurses auf übergeordnete moralische Prinzipien: Das Fordern und Ausbilden spezifischer Haltungen allein löst diese moralischen Probleme nicht.

> Prinzipienethik evaluiert einzelne Handlungen oder Handlungsoptionen mit Bezug auf allgemeine moralische Prinzipien. Tugendethik evaluiert persönliche Haltungen oder Charakterzüge mit Bezug auf das für menschliches Leben Gute.

2.1.7 Deontologische und konsequenzialistische (oder teleologische) Ethik

Eine weitere grundlegende Unterscheidung, die wir hier vorführen, überschneidet sich mit der vorangehenden teilweise. Sie charakterisiert moralische Positionen im Hinblick darauf, wie das jeweilige Verständnis von Gesinnung, Werten, Handlungen und Handlungsfolgen zusammenspielt.

Die deontologischen Ethiken (to deon, griechisch: das Pflichtgemäße) orientieren sich an dem, was *an sich* moralisch richtig ist. Thema sind also moralische Prinzipien bezüglich Gütern und Handlungen, denen ein Wert in sich selbst zugesprochen wird. Dazu gehören etwa das Respektieren der Menschenwürde, das Einstehen für Gerechtigkeit oder dann Gebote wie, nicht zu lügen und Versprechen zu halten. Die diesbezüglichen moralischen Prinzipien gelten in einer deontologischen Ethik zunächst einmal unabhängig davon, ob die entsprechenden Handlungen zu guten oder schlechten Konsequenzen führen. Im Fokus dieser Ethik stehen die Pflichten, welche moralische Subjekte bezüglich der in sich selbst wertvollen Güter und Handlungen haben.

Die konsequenzialistischen Ethiken hingegen orientieren sich an den Folgen oder Konsequenzen, die moralische Überzeugungen und entsprechende Handlungen haben. Ein prominentes Beispiel dafür ist die sogenannte utilitaristische Ethik. Die Richtigkeit von Handlungen wird hier bemessen an ihren Folgen

- hinsichtlich des größtmöglichen Glücks der Menschen oder
- der Erfüllung der Interessen und Präferenzen von Betroffenen oder
- der Vermeidung von Leiden möglichst vieler Menschen.

Die schon erwähnten Tugendethiken (siehe Abschnitt 2.1.6) sind eher konsequenzialistisch, von einem zu erreichenden Ziel her begründet. Denn Tugenden sind ja in der Regel kein Wert in sich selbst, sondern Mittel, um ein gelingendes und gutes Leben zu führen. Generell nennt man Positionen normativer Ethik, die Handlungen im Hinblick auf ein Ziel (etwa das geglückte Leben) orientieren, teleologisch (von Griechisch: telos = Ziel).

In der öffentlichen Debatte wird – ob zu Recht oder Unrecht bleibe dahingestellt – diese Unterscheidung oft parallel verstanden zu der zwischen einer Verantwortungsethik (Verantwortung für die Folgen einer Handlung übernehmen) und einer Gesinnungsethik (wichtig ist der Respekt vor dem Guten an sich, die richtige Gesinnung, der – gezeigte – gute Wille).

Beispiel: Der Tod unschuldiger Personen
Überspitzt formuliert: Vor die Wahl gestellt, eine unschuldige Person zu foltern oder den Tod einer Vielzahl von Personen in Kauf zu nehmen, müsste der Deontologe sich eher für Letzteres entscheiden: Denn weil die Würde des Menschen unantastbar ist, darf kein Mensch zu Gunsten anderer instrumentalisiert werden. Eine Konsequenzialistin müsste sich eher für Ersteres entscheiden: Das Leiden würde nur eine Person statt viele treffen.

Beide Typen bringen je spezifische Probleme mit sich. Bezüglich der deontologischen Ethik ist unklar, wie man im Falle von Pflichtkollisionen und möglichen negativen Folgen des Pflichtgemäßen reagieren soll. Konsequenzialistische Ethiken haben ein Problem bezüglich der Praktikabilität («Wer kann schon alle Folgen seines Handelns absehen?») und der Begründung allgemeiner moralischer Prinzipien. Es gibt darum heute nicht wenige Ethiker und Ethikerinnen, die eine strenge Gegenübersetzung dieser beiden Grundtypen normativer Ethik nicht für nötig oder möglich halten. Vor allem in den Bereichen angewandter Ethik wird man selten mit nur einem Typ auskommen.

Deontologische Ethiken orientieren sich an der «an sich» richtigen Handlung. Konsequenzialistische Ethiken orientieren sich an dem, was zu den bestmöglichen Folgen führt.

2.1.8 Instanzen und Quellen der Ethik

Wenn wir versuchen, uns ethisch Rechenschaft zu geben, beziehen wir uns (oft nur implizit) auf spezifische Instanzen oder Quellen moralischer Urteile und ethischer Überzeugungen. Damit stellen wir unsere Position in einen umfassenden Kontext der Legitimation. Wir nennen hier fünf dieser Instanzen und skizzieren die Probleme, die jede von ihnen mit sich bringt:

- *Gott:* Damit wird eine heteronome (= Orientierung an einem fremden Gesetz), vorgegebene Autorität bezeichnet, die anordnet, was zu tun und wie das Handeln zu regeln ist.

2.1 Was ist Ethik?

Problem: Die Existenz und die Autorität Gottes wird nicht von allen Menschen anerkannt, und seit der philosophischen Aufklärung Europas kann dies auch nicht mehr erwartet werden. Wir sind darüber hinaus der Ansicht, das die Aussage «Gott will, dass wir dies oder jenes tun» immer offen ist für die Frage «Ist das, von dem wir glauben, Gott habe es angeordnet, wirklich gut?». Hält man diese Frage für gerechtfertigt, dann muss es ein Kriterium dessen, was moralisch richtig oder gut ist, unabhängig von Gott geben.

- *(Neuzeitliche) Vernunft:* In Ablehnung traditioneller und äußerer Autoritäten wie Gott oder Natur wird Ethik auf das Fundament der autonomen menschlichen Vernunft gebaut. Zentral scheint uns dabei eine zu beobachtende Tendenz, die vernünftige Begründung von Ethik auf prozedurale Kriterien wie Allgemeingültigkeit, Widerspruchslosigkeit und Parteilosigkeit zu beschränken (siehe dazu die prozedurale Bestimmung des moralischen Standpunktes in Abschnitt 2.1.3).

  Problem: Es ist gar nicht so einfach, auf diesem Weg inhaltlich gehaltvolle Normen zu gewinnen. So ist beispielsweise Kants kategorischer Imperativ (siehe Abschnitt 2.1.6 «Prinzipien- und Tugendethik») als oberstes moralisches Prinzip der autonomen Vernunft inhaltlich noch relativ unbestimmt. Kommt hinzu, dass das Vertrauen auf autonome Vernunft selbst schon von einem normativen philosophischen Kontext bestimmt ist: dass es nämlich in sich gut und richtig sei, sich auf autonome Vernunft zu verlassen.

- *Natur:* «Natur» bezeichnet traditionellerweise das, was im Unterschied vom durch Menschen Gemachten von sich aus vorhanden ist. Natur wird zum Beispiel als teleologische (= zielgerichtete) Struktur bestimmt, in welche Menschen eingebettet sind und an der sie ihr Handeln orientieren sollen. In der Alltagssprache verwenden wir das Wort «natürlich» häufig in einem normativen Sinn, wie beispielsweise in den Formulierungen «natürliche Nahrungsmittel» oder «natürliche Medizin».

  Problem: Aus dem, was ist (was als und in der Natur vorkommt), lässt sich nicht direkt ableiten, was sein soll (sog. «naturalistischer Fehlschluss»).

Beispiel: Verbot des naturalistischen Fehlschlusses
Aus der Tatsache, *dass* in der Natur das darwinistische Prinzip des *survival of the fittest* gilt, folgt nicht, dass dem im Bereich menschlichen Handelns so *sein soll*.

- *Intuitionen:* Moralische Normen sind Ausdruck unserer lebensweltlich immer schon gegebenen emotionalen und sozialen Orientierungen. Wir sprechen diesbezüglich von moralischen Intuitionen. Töten beispielsweise gilt als schlecht, weil es bei mir und anderen Menschen ein Gefühl der moralischen Empörung auslöst.
  Problem: Intuitionen stehen unter dem Verdacht, subjektiv und damit beliebig zu sein. Wie kommt man von Intuitionen zu allgemeinverbindlichen, intersubjektiven Urteilen? Das Problem ist zudem auch hier wieder (in modifizierter Form) jenes des naturalistischen Fehlschlusses: Aus einer Tatsache (jener der faktisch vorhandenen moralischen Intuitionen) folgt nicht notwendigerweise ein Sollen.
- *Verträge und Abmachungen:* Als richtig oder gut gilt in diesem Kontext das, was von Individuen ohne äußeren Zwang vereinbart wurde. Die Einhaltung der Abmachung, nicht der Inhalt derselben ist normativ bedeutsam.

Beispiel: Rechte oder linke Straßenseite?
Es ist gleichgültig, ob wir beschließen, auf der linken oder auf der rechten Straßenseite zu fahren. Wichtig ist, dass alle auf derselben Seite fahren.

Problem: Jeder Vertrag entsteht in einem bestimmten Umfeld von Macht, Abhängigkeiten, Vorteilen und Kenntnissen. Was heißt unter diesen Umständen, dass die Individuen, die Verträge abschließen, frei sein müssen? Unter welchen Bedingungen entstehen gerechte Verträge und Abmachungen? Wenn nicht jeder Vertrag per Definition gerecht sein soll, dann braucht es moralische Kriterien zur normativen Beurteilung dieser Bedingungen. Diese Kriterien sind ihrerseits nicht aus Verträgen oder Abmachungen ableitbar.

All diese Instanzen oder Quellen unserer moralischen Urteile haben den Vorteil, unsere normativen Überzeugungen in einem übergeordneten philosophischen Kontext zu verankern. Sie ermöglichen damit eine gewisse Ordnung und Sicherheit des Denkens. Andererseits ist es keineswegs ausgeschlossen, sondern vielmehr wahrscheinlich, dass sich die Komplexität unserer moralischen Überzeugungen nicht auf nur *eine* Instanz zurückführen lässt.

2.1.9 Acht wichtige Ethiker

Bei den im Folgenden kurz vorgestellten acht Philosophen handelt es sich entweder um klassische Autoren der Ethik oder aber um populäre Autoren der Gegenwart. Es sind Namen, die oft gelesen und zitiert werden und von denen einmal gehört zu haben, nicht schaden dürfte. Es sind zudem Namen, die fast symbolhaft für eine bestimmte Richtung oder Entwicklung in der Ethik stehen.

Aristoteles
* 384 v. Chr.
† 322 v. Chr.

Aristoteles hat die erste systematische Ethik der europäischen Tradition geschrieben, die sogenannte Nikomachische Ethik. Er prägt die Geschichte der philosophischen Ethik bis heute wie kaum ein anderer Philosoph mit Ausnahme vielleicht von Kant. Aristoteles' Frage lautet: «Was ist das (oberste) Gute für den Menschen?» Diese Frage hängt gemäß Aristoteles zusammen mit der Frage, auf welches Ziel (griechisch: telos) hin der Mensch lebt (darum spricht man von einer teleologischen Ethik). Letztes Ziel allen menschlichen Handelns sei das Glück. Was aber ist das Glück? Aristoteles trägt bei der Beantwortung dieser Frage der Komplexität des Menschen als biologisches, soziales und vernunftbegabtes Wesen Rechnung. Tugenden – also über Erziehung, Einübung und Vorbilder angeeignete Charakterzüge – machen die Menschen kompetent im Hinblick auf das Erreichen des für sie Guten. Sie dienen der Disziplinierung der unterschiedlichen Regungen und Leidenschaften. Tugendhaft ist, wer die «vernünftige Mitte» zwischen zwei Extremen findet: Tapfer ist beispielsweise jemand, der die vernünftige Mitte, also das Maß zwischen den Lastern der Tollkühnheit und der Ängstlichkeit findet. Gemäß Aristoteles sind Menschen dann glücklich, wenn sie ihr Potenzial vollumfänglich umsetzen. Dies sei der Fall, wo Menschen ihre Vernunft einsetzen, um die Welt zu verstehen, und wo sie gemeinsam mit andern politisch tätig sind, um einen Staat der freien Bürger zu realisieren.

Seit den 60er Jahren des 20. Jahrhunderts wird aristotelisches Gedankengut von Philosophen wie beispielsweise Alasdair MacIntyre («After Virtue», 1981) wieder aufgenommen und in aktuelle Zusammenhänge eingebracht, was zu einem Revival der Tugendethik führte.

David Hume
* Edinburgh, 1711
† Edinburgh, 1776

Die Schriften des originellen und bis heute einflussreichen Philosophen David Hume sind gekennzeichnet von einer gelassenen, ironischen Skepsis. Im Bereich der Ethik zeigt sich diese unter anderem daran, dass er als einer der ersten Philosophen der Neuzeit eine rein säkulare Ethik entwickelt (also ohne auf Gott Bezug zu nehmen). Was wir für moralisch wertvoll halten, sei nicht primär durch rationale Überlegungen, sondern vor allem durch Emotionen bestimmt.

Einige Handlungen lösen Gefühle der Zustimmung und Billigung, andere Gefühle der Empörung und Entrüstung aus. Als gut oder schlecht gilt für Hume das, was bei allen Menschen entsprechende Gefühle der Zustimmung oder der Entrüstung auslöst. Diese Gefühle der Zustimmung oder der Entrüstung sind nicht *Folge* von rationalen moralischen Urteilen, sondern die *Basis* der moralischen Urteile.

Oft zitiert wird «Humes Gesetz». Es besagt, dass aus einem nicht normativen «Ist»-Satz aus logischen Gründen kein normativer «Soll»-Satz folgen kann: «Aus nichtnormativen Aussagen folgen keine normativen Sätze» (Franz von Kutschera 1999, S. 31).

Von seinen Werken seien hier «A Treatise of Human Nature» (1740) und der kürzere und zugänglichere Text «An Enquiry Concerning the Principles of Morals» (1751) genannt.

Immanuel Kant
* Königsberg, 1724
† Königsberg, 1804

Immanuel Kant ist einer der wichtigsten Philosophen der Neuzeit. Im Bereich der Ethik sind drei Werke berühmt geworden: die «Grundlegung zur Metaphysik der Sitten» (1785), die «Kritik der praktischen Vernunft» (1788) sowie das Spätwerk «Metaphysik der Sitten» (1797). Kants Ethik ist geprägt von seinem Menschenbild: Einerseits ist der Mensch ein den Naturgesetzen der Physik und der Biologie unterworfenes Wesen; andererseits ist er ein autonomes Vernunftwesen, das sich der Natur gegenüber frei verhalten kann und Verantwortung für seine Handlungen trägt. Im Gegensatz zu Aristoteles wird bei Kant die Grenze zwischen diesen beiden Bestimmungen scharf gezogen: Zur natürlichen Daseinsweise des Menschen gehören zwar seine Neigungen, Triebe und Leidenschaften. Der Mensch handelt aber nur dann gemäß dem sogenannten Sittengesetz, wenn er aus freiem Willen der moralischen Pflicht folgt und nicht den körperhaft-affektiven Neigungen nachgibt. Zentrales Prinzip der kantischen Ethik ist es folgerichtig, ebendiese die Würde des Menschen begründende Freiheit zu schützen. Dies kommt exemplarisch zum Ausdruck in einer der Formulierungen des berühmten kategorischen Imperativs: «Handle so, dass du die Menschheit, sowohl in deiner Person, als in der Person eines jeden anderen, jederzeit zugleich als Zweck, niemals bloß als Mittel brauchest.»

John Stuart Mill
* London, 1806
† Avignon, 1873

John Stuart Mill steht für die klassische Schule des Utilitarismus, zu der auch Jeremy Bentham und Henry Sidgwick zu zählen sind. Der Utilitarismus ist eine konsequenzialistische Moraltheorie, welche Handlungen von ihrem Nutzen her bewertet, ohne dass dabei die Intentionen oder die Charakterzüge der Handelnden beachtet werden. «Das größtmögliche Glück für die größtmögliche Zahl», so lautet ein oft zitiertes, einprägsames Prinzip, nach dem Handlungen bewertet werden sollten – wobei dieses Zitat sich allerdings in den Schriften der klassischen Utilitaristen so nicht finden lässt. Mills Buch «Utilitarianism» (1863) gehört zu den meistgelesenen ethischen Büchern im angelsächsischen Raum. Er verfeinert das utilitaristische Kalkül durch die Unterscheidung von höheren und niederen Freuden respektive Bedürfnis- oder Interessenbefriedigungen. Ebenfalls erwähnenswert ist sein Text «On Liberty» (1859), in dem der überzeugte Liberale Mill die Grenzen staatlicher Macht und den Schutz individueller Freiheit erörtert.

George E. Moore
*** London, 1873**
† Cambridge, 1958

George E. Moore steht hier einerseits für die andauernde Wirkung des utilitaristischen Ansatzes in der jüngeren Vergangenheit und der Gegenwart. Er gilt aber andererseits als einer der Mitbegründer der analytischen Philosophie. Sein einflussreichstes Buch heißt «Principia Ethica» (1903), in dem er unter anderem die metaethische Frage der Bedeutung des Wortes «gut» thematisiert. Seiner Ansicht nach lässt sich diese nicht aus anderen, nichtmoralischen Bedeutungen des Wortes ableiten (beispielsweise im Sinne von «das, was gewünscht wird» oder «Glück hervorbringend»). Immer kann nämlich gefragt werden: «Ja, es wird gewünscht. Aber ist es auch gut?» Man nennt dies das Argument der offenen Frage. «Gut» ist eine Eigenschaft, die für sich selbst steht und nicht aus andern natürlichen Eigenschaften ableitbar ist.

Beispiel: Nichtableitbarkeit des Wortes «gut»
Moore vergleicht die Nichtableitbarkeit des Wortes «gut» mit derjenigen der Eigenschaft «gelb». Man kann zwar versuchen, «gelb» über die Wellenlänge des Lichts zu definieren, und das ist naturwissenschaftlich sicherlich korrekt. Aber damit würde, wie Peter Schaber und Jean-Claude Wolf das in ihrem Buch *Analytische Moralphilosophie* 1998, S. 101 erläutern, nicht das definiert, was wir sinnlich wahrnehmen.

Hans Jonas
*** Mönchengladbach, 1903**
† New York, 1993

Hans Jonas gehört in den 1970er und 1980er Jahren zu den meistgelesenen philosophischen Autoren im deutschsprachigen Raum, auch wenn er in der gegenwärtigen akademischen Ethik kaum rezipiert wird. Er schaffte es, den mit der rasanten technischen und gesellschaftlichen Entwicklung der Nachkriegszeit einhergehenden Gefühlen der Konfusion und der Unheimlichkeit eine Sprache zu verleihen, die von vielen Menschen jener Zeit dankbar aufgenommen wurde. Dies gelingt ihm nicht zuletzt dank einem mit viel Pathos warnenden, bei Bedarf auch apokalyptischen Stil. Berühmt wurde sein Ausdruck «Heuristik der Furcht» (Heuristik: Theorie des Suchprozesses): Die moderne Technik wirke im Gegensatz zu früher in Zeit und Raum weit über unsere unmittelbare Wahrnehmung, Erkenntnis und unser Leben hinaus. Es bestehe die Gefahr, dass unsere moralische Empfindung mit dieser Entwicklung nicht Schritt halten könne. Darum sollten wir uns zur Kompensation bei der Suche nach moralischen Prinzipien von den Vorstellungen der schlimmstmöglichen Folgen leiten lassen. Nur so könnten wir der Verantwortung für zukünftige Generationen gerecht werden. Zu nennen ist sein Buch «Das Prinzip Verantwortung. Versuch einer Ethik für die technologische Zivilisation» (1979).

John Rawls
* Baltimore, USA, 1921
† Boston, 2002

Mit seinem grundlegenden Werk «A Theory of Justice» (1971) erneuert Rawls das vertragstheoretische Modell der Ethik. Rawls fragt sich, wie in einer pluralistischen Gesellschaft von allen akzeptierte, gerechte Grundsätze der Gesellschaftsordnung gefunden werden könnten. Er beantwortet diese Frage mit einem Gedankenexperiment: In einem von ihm postulierten fiktiven Urzustand befinden sich die einzelnen Menschen in einem Zustand des Nichtwissens bezüglich der eigenen Stellung in der zu regelnden Gesellschaft (der berühmte «Schleier des Nichtwissens»). Weil keiner weiß, wie es ihm als Mitglied in dieser Gesellschaft ergeht, haben alle ein Interesse daran, jene Grundsätze der Gesellschaftsordnung anzunehmen, die das Wohlergehen der am schlechtesten Gestellten maximieren. Die von diesem Werk ausgelöste Diskussion hat Rawls veranlasst, seine Position in «Political Liberalism» (1993) zu präzisieren und teilweise zu modifizieren.

Peter Singer
* Melbourne, 1946

Der australische Bioethiker ist einer der bekanntesten und wirkungsmächtigsten Ethiker der Gegenwart. Bekannt wurde er ursprünglich als radikaler Tierethiker. Aber besonders seine sehr liberalen Thesen zur aktiven Sterbehilfe haben bei ihrer Publikation für Furore gesorgt und sind in der deutschsprachigen Öffentlichkeit auf heftige Kritik gestoßen. Man findet Ausführungen zu beiden Themen im Buch «Practical Ethics» (1979). In der Tierethik plädiert er dafür, den sogenannten «Speziesismus» zu überwinden. Es sei nicht gerechtfertigt, leidensfähige Tiere (insbesondere Menschenaffen oder Delphine) anders als Menschen zu behandeln. Unter dem Aspekt der Leidensfähigkeit seien beide vielmehr gleicherweise zu respektieren. Es gibt gemäß Singer keinen Grund, bei *vergleichbaren* Interessen generell Mitglieder der biologischen Spezies Mensch vor andern, nichtmenschlichen Lebewesen zu bevorzugen. In der Diskussion um aktive Sterbehilfe hat er vor diesem Hintergrund einen Personbegriff eingeführt, der das seiner Ansicht nach problematische Ideal der Menschenwürde ablösen soll. Personen, das sind ge-

Eine Zusammenstellung wichtiger Texte klassischer Autoren findet sich in:
Dieter Birnbacher und Norbert Hoerster, *Texte zur Ethik.*

mäß Singer menschliche *und* nichtmenschliche Wesen mit Eigenschaften wie Rationalität, Autonomie und Selbstbewusstsein. Nicht alle Menschen sind also Personen, und nur in Bezug auf Personen gilt gemäß Singer ein generelles Tötungsverbot. Menschlichen und nichtmenschlichen Lebewesen ohne diese Eigenschaften der Person darf unter bestimmten, sehr genau definierten Bedingungen das Leben genommen werden.

2.2 Ethik in der modernen Gesellschaft

In diesem Kapitel thematisieren wir einige der Bedingungen, unter denen Ethik in modernen Gesellschaften vollzogen wird oder vollzogen werden muss. Wir gehen davon aus, dass Ethik als kulturelles Phänomen eine Geschichte hat und sich im Laufe der Geschichte ändert. Es ist also einige Sorgfalt darauf zu verwenden, dass das Ethikverständnis, das man vertritt, im eigentlichen Sinn des Wortes *up-to-date* ist.

2.2.1 Praktische Philosophie und angewandte Ethik

Ethik war während langer Zeit eine sehr allgemein gehaltene philosophische und theologische Frage nach der menschlichen Praxis (nach dem guten Leben und dem richtigen Handeln): Wenn überhaupt konkrete Beispiele diskutiert wurden, dann vor allem solche aus der Geschichte, der Literatur oder zu diesem Zweck eigens erfundene. Die sogenannte angewandte Ethik entstand in der Mitte des 20. Jahrhunderts als Reaktion auf die drängenden Probleme moderner Gesellschaften («Dritte Welt» und Armut, Atomenergie, Rüstungsspirale, medizinischer Fortschritt, Umweltprobleme usw.). Unterscheidende Merkmale der angewandten Ethik im Gegensatz zur «praktischen Philosophie» sind: Sie hat ihren Ausgangspunkt in faktisch vorliegenden gesellschaftlichen Problemen, ist lösungsorientiert (gesellschaftlich-politische Diskussion und Implementierung), weist oft rechtliche Konsequenzen auf und hat sich sukzessive in sogenannte Bereichsethiken spezialisiert.

> Ethik als «praktische Philosophie» ist seit der Antike die Frage nach dem gelingenden Leben und dem richtigen Handeln.
> Angewandte Ethik (ab Mitte des 20. Jahrhunderts) ist eine lösungsorientierte Reaktion auf spezifische Probleme moderner Gesellschaften, die sich in Bereichsethiken ausdifferenziert.

2.2.2 In welchen Situationen entstehen ethische Fragen?

Ethische Fragen können in folgenden Kontexten entstehen:

- *Interessenkonflikte:* Fragen der angewandten Ethik entstehen häufig, weil Interessenvertreter, also Stakeholder, in Bezug auf denselben Sachverhalt unterschiedliche Ansprüche haben. Zu denken ist etwa an Fragen der gerechten Verteilung des Reichtums zwischen reichen und armen Ländern (Nord-Süd-Konflikt). Ein Konflikt aus dem Bereich ökologischer Fragestellungen liegt vor, wenn wirtschaftliche Interessen für den Bau eines Staudamms, landschaftsschützerische und ästhetische aber dagegen sprechen. Ein Konflikt aus dem Bereich der Unternehmensführung liegt vor, wenn die ökonomische Situation eines Unternehmens Entlassungen erfordert.
- *Orientierungsprobleme:* Im Kontext des gesellschaftlichen und/oder individuellen Wandels ist häufig nicht mehr klar, welche Werte oder Tugenden zu gelten haben oder warum ich mich überhaupt nach ihnen richten soll. Zu diesen Problemen gehören beispielsweise Fragen der Motivation («Warum soll ich so oder anders moralisch handeln?»), der Identität («Als was soll ich mich und die andern verstehen und behandeln?») und des diagnostizierten «Werteschwundes».
- *Neue Handlungsspielräume:* Technische und gesellschaftliche Entwicklungen erweitern den Handlungsspielraum von Menschen so, dass nicht nur faktische Normen und Werte obsolet werden, sondern auch grundsätzlich neue Fragestellungen entstehen.

Beispiel: Der Umgang mit dem Lebensende
Während in der Vergangenheit die Heilung von Menschen und die Erhaltung des Lebens unhinterfragbare Leitlinien medizinischen Handelns waren, müssen wir uns angesichts der Erfolge medizinischer Technik der Frage nach dem «richtigen» Ende des Lebens stellen.

- *Gewissenskonflikte:* In bestimmten Handlungssituationen stehen Werte einander unvermittelbar gegenüber. Bei der Frage des Schwangerschaftsabbruchs konfligieren der Wert der Autonomie der Frau und der Schutz des Ungeborenen, bei der Militärdienstverweigerung das generelle Tötungsverbot mit der Pflicht, menschliches Leben unter bestimmten Umständen zu verteidigen.
- *Gestaltung gerechter Institutionen:* Während frühere Institutionen gar nicht hinterfragt wurden oder aber ihre Autorität und Berechtigung jeweils aus der Tradition oder dem Willen Gottes

2.2 Ethik in der modernen Gesellschaft

ableiteten, müssen in modernen Gesellschaften Kriterien und Wege gefunden werden, um Institutionen wie der Familie, dem Staat, der Wirtschaftsordnung oder der internationalen Staatenordnung eine legitime und von allen betroffenen Parteien akzeptierbare Form zu geben.

> Ethische Fragen entstehen im Zusammenhang mit Interessenkonflikten, Orientierungsproblemen, neuen Handlungsspielräumen, Gewissenskonflikten sowie bei der Gestaltung gerechter Institutionen.

2.2.3 Ethikbedarf und moralische Konflikte unter den spezifischen Bedingungen moderner Gesellschaft

Die unter Abschnitt 2.2.2 im dritten Punkt «Neue Handlungsspielräume» beschriebenen, für die Moderne typischen technologischen und gesellschaftlichen Entwicklungen tragen nicht unwesentlich zu den erwähnten Orientierungsproblemen (siehe zweiter Punkt) bei. Diese haben traditionelle Wertvorstellungen und entsprechende Institutionen (siehe fünfter Punkt) fragwürdig gemacht, die früher Konflikte von Interessen (siehe erster Punkt) und des Gewissens (siehe vierter Punkt) reguliert und einer Lösung zugeführt haben. In diesem Sinne kann man behaupten, dass moralische Konflikte ein typisches Kennzeichen der Moderne sind. Der moralische Konflikt ist eine unvermeidbare Antwort auf viele ethische Fragen in modernen Gesellschaften. Dass er unvermeidbar ist, bedeutet auch, dass, wer einfache Lösungen unserer moralischen Probleme anstrebt, die Wirklichkeit moderner Gesellschaften nicht adäquat wahrnimmt.

Kenntnisreich und spannend wird diese Entwicklung analysiert von Otfried Höffe, Moral als Preis der Moderne. Ein Versuch über Wissenschaft, Technik und Umwelt.

Das häufig konstatierte Defizit an «Moral» und «Werten» von modernen Gesellschaften hat eine gewisse Berechtigung. Dies ist allerdings nicht auf eine Abnahme des moralisch korrekten (guten, richtigen) Verhaltens zurückzuführen, sondern vielmehr auf das explosiv wachsende Bedürfnis nach moralischer Orientierung und ethischer Klärung. In der Sprache der Ökonomie: Das spezifisch moderne Ethik- oder Moraldefizit ist nicht mit einem abnehmenden Angebot, sondern mit steigender Nachfrage zu erklären.

> Erweiterungen von Handlungsspielräumen führen in modernen Gesellschaften zu moralischen Konflikten, welche ethisch legitim sein können, also nicht aufgelöst werden können und so den Bedarf nach Ethik steigern.

2.2.4 Pluralismus der moralischen Normen und Werte

Moderne Gesellschaften sind wertepluralistisch. Es ist in ihnen eine Vielfalt von Kulturen, Werten und Lebensformen zu finden, die auch miteinander in Konflikt stehen können. Diese Konflikte lassen uns manchmal vergessen, dass in unserer Gesellschaft trotz allem ein erstaunlich hohes Maß an Übereinstimmung bezüglich grundlegender moralischer Werte und Prinzipien vorhanden ist. Es gibt in den Industrie- und Wissensgesellschaften kaum jemanden, der öffentlich und glaubwürdig gegen moralische Prinzipien wie die der Menschenwürde, Freiheit, Gerechtigkeit oder Sicherheit auftreten könnte. Die Unterschiede – und damit der Pluralismus – liegen unserer Ansicht nach andernorts: einerseits auf der Begründungs- und andererseits auf der Spezifizierungsebene.

Nehmen wir als Beispiel das Prinzip der Menschenwürde. Ihre Respektierung kann einerseits religiös begründet werden mit dem Verweis auf die Gottesebenbildlichkeit des Menschen. Noch häufiger aber begründet man sie mit dem Verweis auf die menschliche Autonomie. Auf der Begründungsebene werden also unterschiedliche philosophische und symbolische Deutungskontexte eingesetzt. Einen analogen Pluralismus finden wir andererseits dort, wo es um die konkrete Umsetzung dieses moralischen Prinzips geht: Strittig ist beispielsweise, ob die Forschung an Embryonen gegen die Menschenwürde verstößt. Aus dem gleichen moralischen Prinzip werden offensichtlich unterschiedliche praktische Folgerungen abgeleitet.

Der Pluralismus steht in engem Zusammenhang mit der Identitätsfrage. Sowohl Begründungs- wie auch Spezifizierungsfragen sind oft gebunden an bestimmte soziale Identitäten, also die Tatsache, dass jemand Katholik, Sozialistin, Naturwissenschaftlerin usw. ist. Eine der virulentesten Fragen der gegenwärtigen Sozialethik ist mithin jene nach dem gerechten Umgang mit der Macht zur symbolischen Deutung, mit der die Anerkennung bestimmter (moralischer) Identitäten geschaffen und erhalten werden kann: Gibt es einen moralisch berechtigten Anspruch von Lesben und Homosexuellen auf eine angemessene Darstellung ihrer Lebensweise in Werbung, Film usw.? Werden die Einwanderer aus dem ehemaligen Jugoslawien und ihre Nachkommen bald moralisch zu Recht Anspruch erheben auf eine angemessene Behandlung der Geschichte ihrer Einwanderung und ihres Lebens in der Schweiz im Schulunterricht?

> Der Pluralismus der Deutungsebenen (symbolische Ordnungen, Weltanschauungen) ist zu unterscheiden vom materialethischen Pluralismus (Handlungsalternativen/-optionen).

2.2.5 Die Aufgabe von Ethikern und Ethikerinnen

Zur ethischen Reflexion gehört es, dass man Distanz gewinnt zu den moralischen Intuitionen, Werten und Normen, die untersucht werden – auch und vor allem den eigenen. Dadurch wird die Evidenz der eigenen moralischen Überzeugung geschwächt. Die eigene moralische Entwicklung und Erziehung wird gewissermaßen rückgängig gemacht, was – so der mögliche Vorwurf – eben zu jenem Orientierungs- und Werteverlust beiträgt, der Ethik erst nötig macht. Eine Aporie der Reflexion? Ein Teufelskreis? Vielleicht. Aber wir können nicht zurück zur Naivität einer unmittelbar evidenten moralischen Überzeugung.

Ethiker und Ethikerinnen sind nicht die «besseren» Menschen, und eine Ethikkommission ist kein besonders begnadeter «Rat der Weisen». Ihre Kompetenz und ihre Aufgabe liegt vielmehr in der Analyse und kritischen Reflexion der teilweise äußerst komplexen Materie unter dem Gesichtspunkt des ethisch Normativen *(moral point of view)*. Sie können beispielsweise unter Annahme verschiedener faktischer Aussagen und normativer Positionen Güterabwägungen vornehmen und damit Entscheidungsprozesse katalysieren. Zu beachten ist:

- *Keine Patentlösungen:* Ethik bietet «nur» Hilfe zur eigenständigen Reflexion an, keine Patentlösungen.
- *Intersubjektivität der Ethik:* Ethik ist intersubjektiv und damit diskursiv. Sie ist wissenschaftlich, insofern sie jederzeit Einwände und anderslautende Vorschläge in Betracht ziehen muss – ja diese aktiv sucht und prüft.
- *Ethik als kritisches Unterfangen:* Ethik ist immer in gewisser Weise kontrafaktisch und kritisch gegenüber dem Status quo einer Gesellschaft oder Kultur. Ethik ist insofern amoralisch, als sie faktische Wertekonsense in Frage stellt und an Tabus rührt. Ethiker und Ethikerinnen haben etwa gefragt: «Was ist eigentlich schlecht am Infantizid (= Kindstötung)?» «Warum eigentlich sollte man Menschen nicht klonen dürfen?»
- *Keine Abgabe von Verantwortung:* Es kann keine Arbeitsteilung geben, bei der die Ethik sozusagen für das «gute Gewissen» der Gesellschaft zuständig wäre. Die Verantwortung bleibt bei den ursprünglichen Verantwortungsträgern und -trägerinnen.
- *Keine Garantie der Umsetzung:* Zu wissen, welche unter ethischen Gesichtspunkten die bestmögliche Lösung ist, ist in keinerlei Art und Weise eine Garantie dafür, dass diese auch umgesetzt wird. Ethik ersetzt nicht das Recht und die Polizei.

> Die gesellschaftliche Aufgabe der Ethiker und Ethikerinnen ist es primär, die Menschen bei der Analyse und Bewertung ihrer moralischen Intuitionen und Überzeugungen zu unterstützen.

2.2.6 Expertendilemmata

In vielen Fällen sind wir zur Beurteilung der gesellschaftlichen Probleme und Konflikte auf Experten und Expertinnen angewiesen. Nicht immer sind sich diese in der Analyse und Evaluation der Lage einig. Das trifft auch auf die Fachleute für Ethik zu. Ist ethische Expertise also letztlich nicht brauchbar? Dazu drei Thesen:

1. Je stärker der gesellschaftliche Anwendungsbezug der Ethik, umso stärker wird der Einfluss sozialer Konflikte, kollektiver Präferenzen und gesellschaftlicher Normen. Ethikexpertise kann sich diesem Einfluss nicht entziehen.
2. Die Relativierung ethischer Urteile im Kontext des modernen Pluralismus bedeutet nicht, diese Urteile seien unbrauchbar: Wir haben im Kontext komplexer Gesellschaftssysteme nichts anderes, und insofern sind sie unabdingbare Entscheidungshilfen.
3. Der Streit oder die Uneinigkeit der Ethikexperten und -expertinnen macht mindestens die normativen Möglichkeiten sichtbar, die individuelle Lebensführung, politisches Handeln und gesellschaftliche Praxis aus der Perspektive der Ethik haben.

Ethische Expertise gibt dem gesellschaftlichen Diskurs über Ethik spezifische Impulse aus dem Bereich akademischer Wissenschaft, ohne sich dem gesellschaftlichen Pluralismus entziehen zu können.

2.2.7 Die Unterscheidung von Ethik und Recht

Sowohl Recht als auch Ethik haben den Anspruch, verbindliche Handlungsregulierungen vorzulegen. Die Ethik verfügt jedoch nur über die Macht des besseren Argumentes und ist insofern immer auf Freiwilligkeit der Umsetzung angewiesen. Demgegenüber werden die im positiven Recht kodierten Normen mit Hilfe des Machtmonopols des Staates durchgesetzt. Ihre Inkraftsetzung unterliegt darum den Anforderungen eines gerechten, öffentlichen und demokratischen Entscheidungsprozesses. Das hat aber nicht zur Folge, dass nun die Ethik völlig durch das Recht ersetzt würde. Das Verhältnis bleibt spannungsvoll: Das Recht (auch auf legale Art und Weise entstandenes Recht) bleibt legitimes Objekt ethischer Kritik (Stichwort: ziviler Ungehorsam). Und umgekehrt gibt es eine Reihe von Bereichen menschlichen Lebens, welche rechtlich nicht reguliert sind oder nicht reguliert sein können und darum für ethische Orientierung offen sind. Das liberale Verständnis der Differenz von Ethik und Recht geht davon aus, dass im positiven Recht nur ein Minimalkonsens normativer Überzeugungen für alle verbindlich festgelegt wird. Weitergehende, auch sich widersprechende moralische Überzeugungen (beispielsweise bezüglich sexueller Orientierung, Religion) dürfen von allen vertreten werden, sofern sie nicht mit den Grundwerten kollidieren.

> Das Recht ist bestimmt durch Staatsgewalt, Zwang und hohe Anforderung an Legitimation. Ethik ist bestimmt durch Freiwilligkeit, Vernünftigkeit und durch die Bereitschaft, mehr als das rechtlich Vorgeschriebene zu tun (beispielsweise in Form von *codes of conduct*).

2.2.8 Die Unterscheidung von Politik und Ethik

Politik wie Ethik finden in Räumen öffentlicher Debatten statt. Politik ist der Ethik insofern faktisch übergeordnet, als Ethiker und Ethikerinnen Fragestellungen nur unter dem *moral point of view* betrachten. Politiker und Politikerinnen hingegen müssen auch ökonomische, kulturelle, religiöse Fragestellungen, kurz: den politischen Kontext im Ganzen berücksichtigen. Zudem erhebt die moderne philosophische Ethik in aller Regel nicht (mehr) den Anspruch, die einzig richtige Antwort zu haben. (Platon, der diesen Anspruch noch vertrat, wollte konsequenterweise den Staat unter die Regierung von Philosophen stellen.) Insofern gibt es keine Alternative zu den demokratischen Entscheidungsfindungen moderner Staaten. Andererseits ist damit nicht gesagt, dass alle demokratisch entstandenen Entscheide eo ipso ethisch vertretbar sind. Moderne Rechtsstaaten tragen dem Rechnung, indem sie dem Demokratieprinzip auf Verfassungsstufe weitere normative Grundprinzipien wie jene des Rechtsstaates (z.B. Willkürverbot), der Gewaltentrennung (Exekutive, Legislative, Judikative) und einen Menschenrechtskatalog an die Seite stellen. Damit wird versucht, die Entscheidungswege der Politik, die zu neuem Recht führen, so gerecht wie möglich zu machen. Politische Entscheidungen, die in einem derartig gestalteten politischen System entstehen, haben dadurch eine gewisse ethische Legitimation, können jedoch trotzdem jederzeit nochmals vom *moral point of view* aus angefochten werden (siehe auch, Abschnitt 3.1.5 «Entscheidungsverfahren im Umgang mit Dissens»).

> Ethik dient der Politik: Ethik hat kein «Machtwissen». Sie kann nur politische Subjekte (Regierungsangehörige oder Bürger und Bürgerinnen) beraten. Politik unterliegt der Kritik der Ethik: Nicht alle demokratisch gefassten Beschlüsse sind eo ipso ethisch legitim.

2.2.9 Ethik, Unwissenheit und Risiko

Viele der ethischen Fragen moderner Gesellschaften müssen unter Umständen angegangen werden, die mit den Stichworten «Unwissenheit» und «Risiko» umschrieben werden können. Da Überlegungen zum Risiko in unterschiedlichen wissenschaftlichen Zusammenhängen auftreten, ist die entsprechende Terminologie nicht überall einheitlich. Die folgenden Kriterien dienen einer ersten Orientierung für den Umgang mit Risiken und Unwissenheit:

- Das sogenannte *Bayes-Kriterium* gilt in Bezug auf Risiken. Von Risiko spricht man in der Regel dort, wo bestimmte Wahrscheinlichkeiten vorliegen, dass Schäden (also negative Folgen) aufgrund unseres Handelns eintreten werden. Hier gilt nun: Maximiere den Erwartungswert der *Folgen* deines Handelns im Sinne einer Kosten-Nutzen-Analyse. In Bezug auf komplexe Situationen kann das allerdings oft nicht genau berechnet werden.
- Das sogenannte *Maximinkriterium* gilt in Situationen der Unwissenheit. Das sind Situationen, in Bezug auf die man nicht weiß, welche Wahrscheinlichkeit ein bestimmtes Risiko hat. Es lautet: Wähle diejenige Handlungsalternative, deren schlechtestmögliche Folge besser ist als die schlechtestmöglichen Folgen der anderen offen stehenden Alternativen. Es handelt sich hierbei um ein Kriterium mit eher pessimistischen Grundannahmen.
- Auch das *Vorsorgeprinzip* ist auf den Schutz gegen Risiken (insbesondere für die menschliche Gesundheit und Umwelt) ausgerichtet. Es fordert, schon vor dem Entstehen von Problemen das Risiko für Einzelne oder Gesellschaften möglichst gering zu halten. Diskutiert wird, wo die Grenzen des Prinzips liegen. Ganz ohne Risiken ist menschliches Leben nicht einmal denkbar, und ohne gewisse Risiken einzugehen, würde jegliche Innovation unmöglich.
- Risikofreudigere Menschen oder Gesellschaften wählen darum das *Maximaxkriterium*. Es lautet: Wähle diejenigen Handlungen, deren potenzieller Wert oder Nutzen maximal ist (ungeachtet der Risiken).

Die bisher erwähnten Kriterien beziehen sich allesamt auf Folgen unseres Handelns und unserer Technologien. Es sind also konsequenzialistische Kriterien. Daneben sind aber auch *nichtkonsequenzialistische* Kriterien zu beachten: So müssen natürlich die Eigenrechte der Betroffenen und Fairness in der Risikozuteilung («Wer hat welche Vor- oder Nachteile?») gewahrt bleiben. Auch subjektive Risikobeurteilungen sind zu berücksichtigen, weil darin persönliche Betroffenheit und Kontexte thematisiert werden.

Eine nicht ganz einfache, aber lehrreiche Einführung in die sogenannte Entscheidungstheorie findet sich bei Julian Nida-Rümelin und Thomas Schmidt, *Rationalität in der praktischen Philosophie – Eine Einführung*.

> Aufgrund ihrer technischen und ökonomischen Möglichkeiten entstehen in modernen Gesellschaften ständig Situationen, in denen Menschen nur unter Bedingungen des Risikos und der Unwissenheit handeln können.

2.3 Die Implementierung moralischer Normen und Haltungen in modernen Gesellschaften

Eine der selbstverständlichen Annahmen des ethischen Diskurses besteht darin, dass wir die aus ihm resultierenden Urteile und Überzeugungen in entsprechende Handlungen und Haltungen umsetzen möchten. Ein ethischer Diskurs ist selten ein Zweck in sich selbst. Wir haben aber schon darauf hingewiesen, dass die bloße Kenntnis dessen, was getan werden sollte, noch keine Garantie dafür ist, dass es auch getan wird (siehe dazu auch Abschnitt 6.5 «Grenzen unserer Handlungsmacht»). Alltägliche Beispiele dafür gibt es viele: Ein Zigarettenraucher beispielsweise weiß in aller Regel, dass sein Verhalten ungesund ist. Aber von diesem Wissen bis zum Aufhören liegt häufig ein langer Weg. Eine Ethik, die nicht auf die psychologischen, biologischen, sozialen und ökonomischen Grundmuster der Menschen Rücksicht nimmt, wird nie praktikabel sein. Damit ethische Urteile und Überzeugungen umgesetzt werden können, braucht es geeignete Bedingungen. Oft handelt es sich dabei um (ökonomische) Anreize, denn kostet Ethik zu viel, verzichten die meisten gerne darauf. Inwieweit kann und soll man also auf freiwillige Verhaltensänderungen der Menschen setzen, die durch einen vernünftigen ethischen Diskurs herbeigeführt werden? Wer diesbezüglich skeptisch ist, setzt eher darauf, das Individualverhalten über Änderungen von Anreizstrukturen zu lenken.

Die folgende, unvollständige Aufzählung weist auf die Vielfalt möglicher Steuerungs- und Regulierungsinstrumente hin. Es soll damit zugleich die Phantasie zur Ausarbeitung kreativer und der Situation gerechter Lösungen angeregt werden. Zu den Kriterien einer gelungenen Implementierung zählen wir:

- Verhältnismäßigkeit,
- Einbindung der Akteure in die Verantwortung,
- Flexibilität und
- Effizienz der Lösung.

Auch die Implementierung ethischer Urteile und Überzeugungen kann und muss ethischen Anforderungen gerecht werden – oft lassen sich die ethische Frage und die Form ihrer Implementierung gar nicht sinnvoll trennen.

> Ethik ohne kreatives Nachdenken über die Implementierung oder Realisierung dessen, was moralisch geboten oder verboten ist, verkommt schnell zur idealistischen Moralpredigt.

2.3.1 Staatliche Verbote oder Gesetze

Juristische Maßnahmen, wie beispielsweise das Verbot des reproduktiven Klonens oder das Festlegen von Grenzwerten für schädliche Substanzen in Lebensmitteln, eignen sich zum Schutz von moralischen Gütern und Werten, die als nicht abwägbar, also unbedingt gelten. Die Respektierung etwa der Würde des Menschen oder der Schutz menschlicher Gesundheit sollen damit zunächst einmal konsequenzialistischen Kalkülen entzogen werden. Für weniger gravierende Probleme ist dies die banalste und unkreativste Lösung, sozusagen die «Keule» der Implementierung moralischer Prinzipien und Werte. Sie ist unflexibel, oft ineffizient und degradiert die Akteure zu Befehlsempfängern. Es besteht zudem immer die Gefahr, das staatliche Gewaltmonopol zur Durchsetzung partikularer (wenn auch mehrheitsfähiger) moralischer Vorstellungen zu missbrauchen (siehe Abschnitt 4.1.3 «Politische Ethik»).

Eine Darstellung analoger Instrumente finden Sie in Eisenhut, *Aktuelle Volkswirtschaft,* ab S. 148.

2.3.2 Selbstregulierung

Das Instrument der Selbstregulierung kann von einzelnen Akteuren (zum Beispiel Verbot von Korruption im Ethikkodex eines Unternehmens) oder von ganzen Branchen (zum Beispiel Bestimmung des Umgangs mit passiver Sterbehilfe in den Regeln medizinischer Standesorganisationen) eingesetzt werden. Es handelt sich dabei um eine relativ flexible und praxisnahe Form der Implementierung moralischer Standards. Unternehmen und Branchen nehmen hier Kontroll- und Sanktionsmöglichkeiten in Anspruch. Diese sind zwar im Vergleich mit dem Gewaltmonopol des Staates begrenzt, aber in ihrer Wirksamkeit nicht zu unterschätzen (beispielsweise öffentlicher Rüffel, Ausschluss aus Standesorganisation, Eintrag ins Personaldossier). Selbstregulierungen können auch mit staatlicher Steuerung kombiniert werden.

2.3 Die Implementierung moralischer Normen und Haltungen in modernen Gesellschaften

Beispiel: Das CO_2-Gesetz
In der Schweiz sieht das CO_2-Gesetz von 1990 bis 2010 eine Reduktion des CO_2-Ausstoßes um 10% (4,3 Mio. Tonnen) vor. Es gelten dabei für verschiedene Branchen unterschiedliche Reduktions-Teilziele, die mit dem Bund in Verpflichtungen festgehalten, dann aber von den Branchen selbstständig umgesetzt werden (sogenannte *voluntary agreements*). Eingehaltene Verpflichtungen befreien die Branchen von einer ab 2004 drohenden CO_2-Lenkungsabgabe. So haben sich beispielsweise die Zementunternehmen der Schweiz dazu verpflichtet, im genannten Zeitraum ihren CO_2-Ausstoß um 44,2% (0,58 Mio. Tonnen) zu reduzieren. Das Ziel wurde vor allem durch Einsatz von alternativen Brennstoffen (u. a. Trockenklärschlamm und Altpneus) schon früh erreicht.

2.3.3 Lenkungsabgaben

Hierbei wird ein Verhalten mit schädlichen Nebeneffekten proportional zum Schaden (oder den Wiedergutmachungskosten) mit einer Abgabe belastet. Bekanntes Beispiel ist die Abgabe auf schwere Lastwagen bei der Durchfahrt durch die Schweiz. Mittels der Lenkungsabgabe wird ein Anreiz geschaffen, weniger schädliche Alternativen zu benutzen (z. B. Güterverkehr mit der Bahn). Lenkungsabgaben gelten als effizient, da das Verhalten mit seinen schädlichen Nebeneffekten nicht generell verboten wird. Damit werden dann auch diejenigen Fälle nicht verboten, wo dieses Verhalten trotz der schädlichen Nebeneffekte vielleicht wünschenswert oder effizient wäre, so zum Beispiel bei der Sicherstellung der Versorgung von Alpendörfern durch Lastwagen. Dieses Instrument eignet sich vor allem für Fälle, die einer konsequenzialistischen Güterabwägung zugänglich sind.

Beispiel: Lenkungsabgabe auf Tierversuchen?
Was halten Sie vom Vorschlag, statt des heutigen Bewilligungssystems Tierversuche einer Lenkungsabgabe zu unterwerfen? Pro Einheit anfallenden Leidens müsste eine bestimmte Summe bezahlt werden. Dabei würde das Ziel des Versuchs keine Rolle mehr spielen. Für ein Unternehmen könnte ein qualvoller (teurer) Tierversuch nicht nur für die Entwicklung eines Krebsmittels, sondern auch für das Testen von Kosmetika lohnend sein. Merke: Lenkungsabgaben sind nicht überall einsetzbar, da es bei dem für die Steuerung über Anreizsysteme notwendigen Umtausch von moralischen Werten in finanzielle Einheiten zu unvertretbaren Folgen kommen kann.

Der Ertrag der Lenkungsabgaben sollte nicht in die allgemeine staatliche Kasse verschwinden (sonst wäre es einfach eine neue Steuer). Stattdessen können entweder die Erträge an die Bevölkerung zurückgezahlt werden. So wird in Basel der Erlös einer Lenkungsabgabe auf den Stromkonsum einmal pro Jahr gleichmäßig auf die Haushalte verteilt. Oder aber die Erträge können zur Bereitstellung oder Verbilligung von weniger schädlichen Alternativen benutzt werden, wodurch der Lenkungseffekt verdoppelt wird (z.B. zum Aufbau der neuen schweizerischen Alpentransversale).

2.3.4 Der Handel mit negativen Effekten

Für bestimmte schädliche Folgen unseres technischen Handelns gibt es Grenzen des Wünsch- oder Ertragbaren. Eine Möglichkeit, diese Effekte zu kontrollieren, besteht darin, Rechte, diese schädlichen Effekte zu produzieren, in der gewünschten, beschränkten Menge an die Meistbietenden zu verkaufen. Wer also beispielsweise die Umwelt mit Schadstoffen belasten will, der müsste sich dieses Recht erkaufen. Man diskutiert in diesem Zusammenhang die sogenannten Umweltzertifikate. Bekanntestes Beispiel ist der im Aufbau begriffene Handel mit Zertifikaten (Belastungsrechten) zur CO_2-Produktion. Anwendungsbereich, Vor- und Nachteile entsprechen weitgehend jenen der Lenkungsabgabe.

Beispiel: Emissionszertifikate
Das oben schon zitierte CO_2-Gesetz der Schweiz sieht vor, dass Branchen, die das Reduktionsziel übertreffen, anderen Branchen Emissionszertifikate verkaufen können. Dadurch soll erreicht werden, dass die anvisierte CO_2-Reduktion gesamtwirtschaftlich mit den kleinstmöglichen Kosten erreicht wird.

Ein Problem dieses und auch der andern vorher erwähnten Instrumente liegt darin, dass sie, zumindest in der Schweiz, häufig vom Volk in demokratischen Abstimmungen mitgetragen oder sogar angenommen werden müssen. Angesichts der Skepsis gegen politische Strukturen und Institutionen werden die Stimmbürger und -bürgerinnen das nur tun, wenn sie dahinter einen einleuchtenden Sinn sehen. Probleme könnten da entstehen, wo die entsprechenden Maßnahmen für eine Mehrheit der Individuen zusätzliche Kosten mit sich bringen. Merke: Es bedarf dann zur Akzeptanz solcher Maßnahmen immer auch eine Einsicht in ihren Sinn, der über die unmittelbare Kosten-Nutzen-Optimierung hinausgeht. Man wird also eben doch einen ethischen Diskurs über den moralischen Sinn der zur Debatte stehenden Handlungsoptionen und Güter zu führen haben.

2.3 Die Implementierung moralischer Normen und Haltungen in modernen Gesellschaften

2.3.5 Transparenz

Bei vielen moralischen Problemen sind weder Sanktionen noch materielle Anreize nötig. Es reicht aus, Transparenz der Zustände und Vorgänge herzustellen. Dabei sind verschiedene Nuancen denkbar: Offenlegungspflicht, Selbstkontrolle mit Berichterstattung, Kontrolle von Dritten mit und ohne öffentliche Berichterstattung, usw. Dies ist vor allem bei jenen moralischen Problemen sinnvoll, die vorwiegend tugendethischer Natur sind und/oder nicht direkt sanktionierbar sind. So wäre zum Beispiel ein Gesetz zur Begrenzung des Lohnes von Managern in der Privatindustrie wahrscheinlich ökonomisch ineffizient und unflexibel. Stattdessen könnte eine Pflicht zur Offenlegung der Bezüge des oberen Managements und des Verwaltungsrates den gewünschten Einfluss haben. Ein weiteres Beispiel: Viele internationale Konventionen (z. B. die UNO-Konvention von 1979 über die Beseitigung aller Formen der Diskriminierung von Frauen) operieren angesichts des Widerwillens souveräner Staaten, sich von Dritten kontrollieren zu lassen, mit dem Instrument der Selbstkontrolle. Staaten sind dadurch verpflichtet, in regelmäßigen Abständen detailliert über die Einhaltung der eingegangenen Verpflichtungen zu berichten. Diese Form der Umsetzung mag schwach scheinen, sollte aber in ihrer Wirksamkeit nicht unterschätzt werden.

2.3.6 Medien

Wünschenswerte Verhaltensweisen oder Vorstellungen vom «guten Leben» und «richtigen Handeln» werden häufig über Medienkampagnen, bekannte Persönlichkeiten, Filme und anderes propagiert. Typische Beispiele sind Präventionskampagnen gegen die Verbreitung von Aids oder gegen Suchtmittel (Rauchen, Trinken). Erwähnenswert sind auch die *soap operas,* jene beliebten Fernsehserien, die oft gezielt und mit großem Erfolg in sozialpolitischer Absicht zur Propagierung bestimmter Verhalten genutzt werden. Gerade die Macht der Medien kann allerdings auch moralisch fragwürdige Folgen haben. So, wenn im Namen der Moral sachlich ungerechtfertigte Kampagnen gegen Personen und Unternehmen geführt werden oder wenn spezifische moralische Probleme zu Ungunsten anderer übergewichtet werden. Medial kommunizierte moralische Empörung ist aus der Perspektive philosophischer Ethik immer ambivalent, weil leicht die rationalen Argumente für oder gegen eine bestimmte Sache zu kurz kommen.

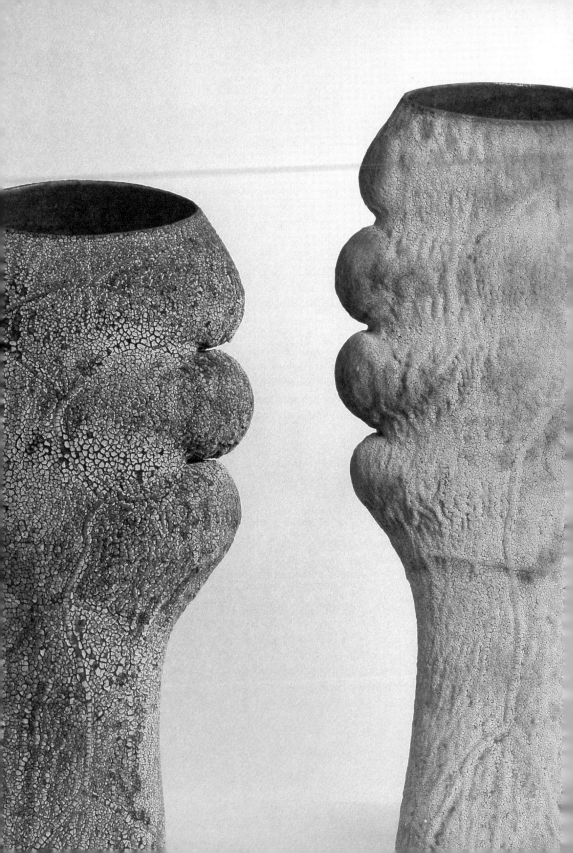

3 Ethische Rhetorik

> Eine mit vielen Beispielen und Übungen unterhaltsam gestaltete Einführung in das richtige Argumentieren finden Sie bei Anne Thomson, *Argumentieren – und wie man es gleich richtig macht.*

Im vorhergehenden Kapitel haben wir zunächst eine sehr knappe Einführung in einige Grundbegriffe und -unterscheidungen der Ethik gegeben. Dieser folgten eine Bestimmung von Ethik im Kontext moderner Gesellschaft und Bemerkungen zur Implementierungsproblematik. Nun wenden wir uns der Praxis des ethischen Diskurses (dem Gespräch, das wir über moralische Themen führen) zu: Die Praxis des ethischen Diskurses vollzieht sich als Argumentation. Wir thematisieren darum, was ein gutes Argument ausmacht. Und: Welcher Art ist die Erkenntnis, die aus einem guten Argument resultiert? Was bedeutet das für die Frage nach der Wahrheit moralischer Positionen? Diesen Fragen gehen wir im Abschnitt 3.1 nach. Im Abschnitt 3.2 untersuchen wir Stärken und Schwächen besonders häufig eingesetzter Techniken der ethischen Argumentation. Wir schließen unsere Ausführungen zur Veranschaulichung mit einer Fallstudie in Abschnitt 3.3 ab.

3.1 Was ist ein gutes Argument?

3.1.1 Welchen Status haben moralische Überzeugungen und Positionen?

Ziel des ethischen Diskurses ist es, vertretbare moralische Positionen zu erhalten. Vertretbare moralische Positionen sind Überzeugungen, die aufgrund von guten Argumenten gewonnen werden. Als Überzeugungen unterscheiden sich moralische Positionen in zweierlei Hinsicht von anderen Erkenntnisformen.

Moralische Positionen haben einerseits nicht den Status *objektiver Information*, wie wir dies zum Beispiel von den Erkenntnissen der Naturwissenschaften kennen. Moral existiert als Orientierungswissen nicht unabhängig vom orientierungsbedürftigen Wesen (dem Menschen): Moralische Positionen sind so verfasst, dass sie immer an die Lebensvollzüge und die jeweils partikuläre Perspektive von Individuen gebunden sind. Dies hat Folgen für das Verständnis der Praxis des ethischen Diskurses: Dieser kann nicht aus Beweisen oder Tests im strengen Sinn des Wortes bestehen, sondern muss mit guten Argumenten auf eine bestimmte Situation und eine bestimmte Person eingehen.

Andererseits sind moralische Positionen auch nicht einfach Ausdruck oft schwankender persönlicher Meinungen oder persönlichen Geschmackes. Moralische Positionen erkennen wir gerade daran, dass sie gewissermaßen von außen an uns herantreten. Und wir orientieren uns an ihnen, als ob sie etwas Vorgeschriebenes wären. Der Satz «Wir sollten auf unsere Gesundheit achten und darum nicht rauchen» ist ein anderer Satz als «Ich mag den Geschmack der Zigarette nicht und rauche darum nicht». In diesem Sinne ist moralischen Urteilen und Positionen ein Wahrheitsanspruch inhärent (siehe dazu auch den Abschnitt 3.1.2 «Ein Argument gegen den Relativismus»).

Wie genau dieser Wahrheitsanspruch moralischer Überzeugungen gedacht werden kann, sozusagen zwischen (naturwissenschaftlichen) wahren Aussagen über die Welt «out there» einerseits und dem Ausdruck persönlichen Geschmacks andererseits, ist ein in der Metaethik heftig debattiertes Thema.

> Moralische Wahrheit tritt in der Form von Überzeugungen auf. Sie ist weder objektive Information oder strenger Beweis noch bloß persönliches Geschmacksurteil.

3.1.2 Ein Argument gegen den Relativismus

Oft wird aus der Erfahrung, dass mit auf den ersten Blick gleichem Recht verschiedene Personen (oft aus verschiedenen Kulturen) andere Werte vertreten, folgender Schluss gezogen: Moralische Überzeugungen sind «relativ» im Sinne von «in Bezug auf die Wahrheitsfrage gleichwertig». Von hier bis zur Schlussfolgerung «In der Ethik kann nichts als wahr gelten» (Relativismus) ist es für des philosophischen Denkens nicht so Geübte nur noch ein kleiner Schritt. Demgegenüber vertreten wir die Position, dass in der Ethik (wie ja übrigens auch in den Wissenschaften generell) der Anspruch auf Wahrheit nur in gewisser Hinsicht ein relativer ist: Niemals kann berechtigterweise behauptet werden, eine Position stelle die *endgültige* Wahrheit dar. Das schließt jedoch nicht aus, dass Position A mit guten Argumenten relativ zur Position B als «wahrer» ausgewiesen wird. Aus der Erkenntnis der Unmöglichkeit, eine absolute Wahrheit zu erfassen, folgt nicht, dass wir nicht fähig wären, gewisse Aussagen als falsch (oder als weniger richtig) zurückzuweisen. Bestehende und nach gewissenhafter Auseinandersetzung auch verbleibende Unterschiede im Verständnis dessen, was als gut gelten soll, müssen nicht als Beweis der Unsinnigkeit jedes Anspruches auf Wahrheit interpretiert werden. Sie sind höchstens Ausdruck der Schwierigkeit, diese Wahrheit klar zu formulieren und zu erkennen. Zu folgern ist daraus eine gewisse Demut bezüglich der eigenen Erkenntnisfähigkeit sowie Toleranz gegenüber anderen Positionen. Aber ein Relativismus lässt sich nicht ableiten. Vielmehr gilt: Die Inkompatibilität von verschiedenen moralischen Urteilen entsteht, gerade *weil* wir im Hinblick auf moralische Urteile Wahrheitsansprüche haben, wie das für andere Aussagen nicht der Fall ist. Wenn von zwei Personen die eine lieber Bier, die andere lieber Wein hat, dann besteht bezüglich der Wahrheitsfrage kein Problem. Das sind Fragen des Geschmacks. Sollte aber eine Person Alkoholkonsum beispielsweise aus gesundheitspolitischen Gründen für moralisch verwerflich, eine andere dennoch für erlaubt halten, dann würde ein Streit um die Wahrheit der jeweiligen Position vorliegen.

> Ethische Argumentation kann nicht auf einen Wahrheitsanspruch verzichten. Die Erfahrung des Pluralismus widerlegt diesen nicht, sondern zeigt seine Unabwendbarkeit.

3.1.3 Ethische Wahrheit als praktische Überzeugung

Der Anspruch auf eine Letztbegründung ethischer Positionen ist unhaltbar. Als formale Kriterien zur Bestimmung der (relativen) Wahrheit einer Position oder Überzeugung gelten in der Ethik analoge Kriterien wie die in den Natur- und andern Wissenschaften gebräuchlichen: Widerspruchslosigkeit, Konsistenz mit anderen akzeptierten Theorien, Erklärungskraft, Einfachheit usw. Der markanteste Unterschied zwischen der Ethik und besonders den Naturwissenschaften besteht darin, dass der Prozess der Überprüfung nicht extern – an einem Objekt oder System – stattfindet. Vielmehr werden die in der Argumentation vorgeschlagenen normativen Positionen auf dem Hintergrund des komplexen Zusammenspiels der verschiedenen Dimensionen der je eigenen Deutung menschlichen Lebens gemessen:

- Position B erweist sich in der Argumentation als eine bessere Erklärung meiner selbst, meiner Umwelt und meiner Reaktionen auf bestimmte Ereignisse.
- Sie ist einfacher in Deckung zu bringen mit anderen von mir für wahr gehaltenen Urteilen und Theorien.
- Sie scheint praktikabler als Position A.

Diese Art der Verifizierung nennen wir das *best account principle* (Charles Taylor): Der Wahrheitscharakter einer Überzeugung besteht also in ihrer Deutungskraft meiner oder unserer vielschichtigen Erfahrung. Der Übergang von Position A zu Position B wird nicht als ein freies Fluktuieren, sondern als Erkenntnisfortschritt erfahren, so dass die Veränderung der eigenen moralischen Überzeugung aufgrund der Argumente berechtigterweise als Annäherung an die Wahrheit verbucht werden kann.

Der Anspruch auf (relative) Wahrheit beruht auf der Erfahrung eines Erkenntnisgewinnes im Verlauf des ethischen Diskurses.

3.1.4 Das reflektive Gleichgewicht in der ethischen Argumentation

Das *best account principle* legt es nahe, die ethischen Argumentationen so breit wie möglich abzustützen. Besonderes Gewicht hat das Zusammenspiel von moralischen Intuitionen und abstrakten, normativen Urteilen (etwa moralischen Prinzipien).

Wir haben zur Bestimmung des moralisch Richtigen oder Guten vorerst nichts anderes als unsere moralischen Intuitionen (siehe Abschnitt 2.1.8 «Instanzen und Quellen der Ethik») in bestimmten erlebten oder erzählten Situationen. Ein Beispiel: Wir biegen um die

Ecke, sehen Rowdies eine Katze quälen und springen ohne groß zu überlegen dazwischen. Andererseits haben wir solche moralischen Intuitionen immer schon verdichtet zu mehr oder weniger kohärenten und begründeten moralischen Wertesystemen, Prinzipien und Theorien, die wiederum unsere Wahrnehmung von Situationen mitbestimmen (im Beispiel: «Tiere sollen nicht unnötig leiden!»). Die ethische Argumentation als reflektives Gleichgewicht räumt keiner dieser beiden Dimensionen ein absolutes Vorrecht ein. Sie nutzt vielmehr die Schwierigkeit, sie in Deckung zu bringen: Die eine Dimension korrigiert die andere und umgekehrt.

Intuitionen können Prinzipien und Normen korrigieren: Das hautnahe Erleben oder die Erzählung der Notsituation einer ungewollt schwangeren Frau kann bei einem konservativen Menschen zur Hinterfragung des absoluten Verbots von Abtreibungen führen. Umgekehrt können Normen und Prinzipien gewisse Intuitionen korrigieren: Der bei schlimmen Verbrechen verständliche Wunsch nach Rache und Strafe in Form der Todesstrafe kann durch die Besinnung auf die Norm des sonst anerkannten absoluten Tötungsverbot korrigiert werden. Die bestmögliche Überzeugung ist dann erreicht, wenn Intuitionen und Prinzipien in diesem abwägenden Prozess nicht mehr zu gegenseitigen Veränderungen führen: wenn ein reflektives Gleichgewicht hergestellt ist. Gleichgewicht heißt nicht notwendigerweise «Kohärenz»: Es kann durchaus sein, dass in diesem Hin und Her von Intuitionen und Prinzipien der Prozess des Abwägens zu einem Stillstand kommt, obwohl Intuitionen und theoretisch abgesicherte Prinzipien weiterhin in Widerspruch zueinander stehen. Oft muss der Reflexionsprozess ja auch aus Zeitgründen abgebrochen werden.

> Die rationale Begründung moralischer Positionen und Überzeugungen erfolgt im Austarieren von Intuitionen und abstrakten Normen und Prinzipien.

3.1.5 Entscheidungsverfahren im Umgang mit Dissens

Ethische Argumentation führt nicht immer dazu, in nützlicher Frist einen Konsens aller Beteiligten zu erzielen. Diskurse enden ja immer wieder mit Dissens und unvereinbarem Pluralismus. Wie sind dennoch Entscheidungen möglich, welche konkretes Handeln erlauben?

Die hilfreichste Möglichkeit besteht darin, die Ebene der Sachfragen (vorübergehend) zu verlassen und sich auf bestimmte Entscheidungsverfahren zu einigen. Auf dieser Ebene wird nicht danach gefragt, ob eine bestimmte Handlungsoption an sich ethisch legitim sei oder nicht. Vielmehr gilt sie als legitim, weil sie das Resultat eines als gerecht (im Sinne von «fair», siehe Abschnitt 4.1.3 «Politische Ethik») empfundenen Entscheidungsverfahrens ist. Es ist die Aufgabe der politischen Ethik, den präzisen Anwendungsbereich («Wo braucht es überhaupt einen Konsens, wo können wir mit Pluralismus leben?») sowie die Modalitäten eines gerechten Entscheidungsverfahrens zu reflektieren.

Beispiel: Das Akzeptieren «falscher» Abstimmungsresultate
Auch Verlierer von demokratischen Abstimmungen, etwa zur umstrittenen Regelung der Abtreibung, akzeptieren in der Regel das Abstimmungsresultat. Sie tun das, weil sie davon ausgehen können, dass das Abstimmungsverfahren fair war. In der Sachfrage haben sie weiterhin eine von der Mehrheit abweichende Position.

Die Geschichte des modernen Verfassungstaates illustriert diesen Umgang mit Dissens und Pluralismus gut. Beachten Sie, dass gerade zum modernen Verfassungsstaat nicht nur das Demokratieprinzip gehört (die Mehrheit entscheidet). Dieses Prinzip wird vielmehr in Schach gehalten durch eine Reihe anderer Prinzipien, die in einem fein austarierten System das als gerecht empfundene Entscheidungsverfahren regeln. Das Rechtsstaatsprinzip beispielsweise garantiert individuelle Menschen- und Bürgerrechte, die auf demokratischem Wege nicht ausgehebelt werden dürfen. Föderalismus, das Subsidiaritätsprinzip (Aufgaben des Staates auf tiefstmöglicher Ebene belassen) sowie die (in der Schweiz) auch von kleinen Gruppierungen einsetzbaren direktdemokratischen Instrumente garantieren zudem einen hohen Minderheitenschutz.

Dissens auf der Ebene der Sachfragen wird durch die Einigung auf faire Entscheidungsverfahren bearbeitet.

Nach diesen einleitenden Bemerkungen kommen wir zur eigentlichen Frage, was denn ein gutes Argument ist.

3.1.6 Was ist ein gutes Argument?

Wir unterscheiden zwischen zwei Bedeutungen von «gut»: Ein populistisches Argument beispielsweise kann faktisch ein bestimmtes Publikum überzeugen. «Gut» bedeutet dann «funktionieren, ankommen». Wir nennen das die strategische Bedeutung von «gut». Demgegenüber unterscheiden wir die normative Bedeutung von

3.1 Was ist ein gutes Argument?

«gut»: Damit ist gemeint, dass ein bestimmtes Argument einer vernünftigen Person aufgrund rationaler Kriterien einleuchten sollte. Im Idealfall ergibt sich die strategische Überzeugungskraft eines Argumentes aus seiner rationalen Qualität. Aber es gibt natürlich immer wieder Situationen, in denen Überzeugungen entstehen, ohne dass gute (das heißt rationale) Argumente im normativen Sinn ihre Ursache wären.

Was ein im normativen Sinne «gutes» Argument sein soll, ist freilich nicht evident. Denn gerade im Falle von moralischen Konflikten ist die Frage danach immer auch strittig. Das Problem ließe sich lösen, gäbe es die Möglichkeit eines Rekurses auf eine Instanz außerhalb der Argumentation. Weil es diese – wie wir glauben – nicht gibt, wird die Unterscheidung von «strategisch» und «normativ» gutem Argument in bestimmter Hinsicht obsolet. Über die präzise Unterscheidung dieser beiden Beschreibungen eines «guten» Argumentes könnte man natürlich komplexe Theoriedebatten führen, was wir hier jedoch nicht leisten wollen.

Wir gehen darum pragmatisch davon aus, dass ein gutes Argument jenes ist, das mit dem effizienten Einsatz knapper Mittel (Redezeit) im Kontext einer bestimmten Situation (die geprägt ist durch vorhandenes Wissen, bestimmte Interessen, eine bestimmte gemeinsame Geschichte und gemeinsame Projekte) eine *vernünftige* Person dazu bewegt, die eigene Position zu Gunsten der durch das Argument vorgebrachten Position zu überdenken und unter Umständen aufzugeben.

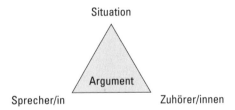

Gut nennen wir ein Argument, das unter gegebenen äußeren Bedingungen eine vernünftige Person dazu bewegt, die eigene Position zu überdenken.

3.1.7 Die logische Form eines guten Argumentes

Sehr hilfreich als praktische Einführung in die philosophische Lehre von der logisch korrekten Argumentation ist Jay F. Rosenberg, *Philosophieren. Ein Handbuch für Anfänger.*

Wer argumentiert, gibt Gründe an für eine moralische Überzeugung. Ein Argument ist formal gesehen eine Gruppe von Aussagen: Das, wofür argumentiert wird, nennt man die Konklusion (Schlussfolgerung oder Schlusssatz). Aussagen, von denen her argumentiert wird, nennt man Prämissen (Voraussetzungen, Gründe). Wer argumentiert, geht davon aus, dass, wer die Wahrheit der Prämissen anerkennt (wenn ...), damit auch die Wahrheit der Konklusion anerkennen muss (dann ...). Allgemein gesagt: Wenn wir diese Prämissen voraussetzen, dann können wir jene Schlussfolgerung daraus ziehen. Ein logisch gültiges Argument nennt man eines, für das diese Wenn-dann-Behauptung – also die Form des Argumentes, unabhängig von seinem Inhalt – selbst wahr ist.

Philosophen haben eine Reihe von immer wiederkehrenden Mustern für logisch korrektes Argumentieren respektive Schlussfolgern entdeckt. Klassisch ist der sogenannte *modus ponens*. Hier ein Beispiel des amerikanischen Philosophen Jay F. Rosenberg (2002, S. 37):

Prämisse 1: Wenn Abtreibung Mord ist, dann ist Abtreibung moralisch falsch.

Prämisse 2: Abtreibung ist Mord.

Konklusion: Also ist Abtreibung moralisch falsch.

Das ist ein Beispiel für eine logisch korrekte Schlussfolgerung. (Man beachte: Die Wenn-dann-Formulierung in der Prämisse 1 ist ein normaler Konditionalsatz, deren logische Form hier nicht zur Debatte steht.) Wer die Konklusion nicht akzeptieren will, muss nun – da logisch-formal nichts daran auszusetzen ist – zeigen, dass mindestens eine der Prämissen inhaltlich falsch ist. Umgekehrt haben auch diejenigen, die diesen Schluss machen, Begründungspflichten für die Prämissen: Er oder sie müsste beispielsweise Auskunft darüber geben können, was mit dem Wort «Mord» bezeichnet wird. Noch wichtiger aber wären Gründe dafür, dass Prämisse 2 richtig ist, dass also Abtreibung tatsächlich «Mord» ist. Vorausgesetzt ist zudem immer noch, dass Mord (unter allen Umständen) moralisch falsch ist. Sie sehen: Prämissen müssen unter Umständen ihrerseits begründet werden. In diesem Fall setzen sie ihrerseits Prämissen voraus, die möglicherweise ihrerseits begründet werden müssen.

Aufgrund korrekter Logik schreitet das gute Argument von (anerkannten) Prämissen zu gültigen Konklusionen fort.

3.1.8
Der unvollständige Aufbau ethischer Argumentationen

Die Anforderung der Effizienz – zu denken ist etwa an die beschränkte Redezeit – lässt es im konkret vollzogenen ethischen Diskurs nicht zu, jeweils alle formal notwendigen Schritte einer vernünftigen Argumentation durchzuführen (von den Prämissen und bekannten Fakten bis hin zu den Schlussfolgerungen). Man beschränkt sich also auf jene Fakten, Hintergrundinformationen und Argumentationsschritte, von denen man annimmt, dass sie strittig sind oder dass sie mit geringem Aufwand in ein gutes oder schlechtes Licht gestellt werden können.

Oft sind es jedoch gerade die stillschweigenden Voraussetzungen, die umstritten sind – und zwar sowohl die normativen Voraussetzungen wie auch die als gegeben angenommenen Fakten. Zum besseren Verständnis anderer Positionen und um der Klarheit der Argumentation willen sind diese Voraussetzungen jeweils so weit als möglich zu rekonstruieren und kritisch zu prüfen.

Achten Sie dabei darauf, dass die Wörter jeweils in einem engen, präzisen und bekannten Sinn benutzt werden. Eine der häufigsten Fragen des ethischen Diskurses sollte lauten: «Was genau meinen Sie mit: Natur, Mensch, gut, gerecht, Verantwortung, Schuld …?» Durch entsprechende Begriffsbestimmungen ließen sich viele Missverständnisse vermeiden. Eindeutige Definitionen sind auch eine wichtige Voraussetzung für ein korrektes Argument, wie folgendes Beispiel (wiederum von Rosenberg 2002, S. 89) schön zeigt:

1. Only men can speak rationally.
2. No woman is a man.
3. Therefore, no woman can speak rationally.

Rein formal ist die Schlussfolgerung korrekt. Natürlich liegt das Problem darin, dass *«man»* einmal «Mensch» und einmal «Mann» heißt: Die Sätze (1) und (2) lassen sich nicht zur Erzeugung von (3) in Verbindung bringen. Nicht alle auf dieser sogenannten Äquivokation beruhenden Fehlschlüsse sind so einfach zu erkennen wie der Vorliegende.

> Meistens können nicht alle Schritte des logisch korrekten Argumentes ausgeführt werden. Es gilt auf die impliziten normativen und faktischen Prämissen sowie auf die präzise Bedeutung der verwendeten Begriffe zu achten.

3.1.9
Die Struktur
ethischer Diskurse

In den vorangehenden Abschnitten haben wir die Form von einzelnen Argumenten erörtert. Aber nicht nur Argumente, sondern auch der Diskurs, in dem sie eingesetzt werden, hat eine Struktur. Wir unterscheiden diesbezüglich verschiedene Ebenen.

Die erste Ebene ist gewissermaßen vor-diskursiv. Viele der moralischen Überzeugungen und Positionen, die unsere Handlungen leiten, nehmen gar keine diskursive Form an, da sie selbstverständlich sind:

1. Ebene des Diskurses	
Position «A» wird selbstverständlich für richtig gehalten, ohne Argumente.	Position «nicht A» wird selbstverständlich für richtig gehalten, ohne Argumente.

Kommt es – zum Beispiel aus den in Abschnitt 2.2.2 genannten Gründen – zu einem ethischen Konflikt, werden die Positionen explizit gemacht. «A» und «nicht A» werden als im Konflikt stehend erkannt und als solche thematisiert. Auf der zweiten Ebene lassen sich für jede Partei zwei Argumentationsmöglichkeiten ausmachen:

2. Ebene des Diskurses	
1. Es werden Argumente für «A» angeführt.	3. Es werden Argumente für «nicht A» angeführt.
2. Es werden Argumente gegen «nicht A» angeführt.	4. Es werden Argumente gegen «A» angeführt.

Die Kontrahenten müssen also einen taktischen Entscheid fällen. Sie können die alternative Position angreifen oder die eigene Position verteidigen oder beides tun. Weil wir bezüglich moralischer Positionen keinen Anspruch auf Letztbegründung erheben können (siehe Abschnitt 3.1.3 «Ethische Wahrheit als praktische Überzeugung»), ist die Stärke einer bestimmten Position immer nur in Bezug auf eine alternative Position zu bestimmen. Im Diskurs sind darum sowohl der Angriff der gegnerischen wie die positive Begründung der eigenen Position prinzipiell gleichwertige Mittel.

Die diskursiven Möglichkeiten multiplizieren sich mit jedem zusätzlich eingeführten Argument. Es lassen sich auf der dritten Diskursebene logisch folgende Möglichkeiten erkennen:

3. Ebene des Diskurses	
Die Argumente für «nicht A» (3) werden angegriffen.	Es werden Argumente zur Stützung der Argumente für «nicht A» (3) angeführt.
Die Argumente gegen «A» (4) werden angegriffen.	Es werden Argumente zur Stützung der Argumente gegen «A» (4) angeführt.
Es werden Argumente zur Stützung der Argumente für «A» (1) angeführt.	Die Argumente für «A» (1) werden angegriffen.
Es werden Argumente zur Stützung der Argumente gegen «nicht A» (2) angeführt.	Die Argumente gegen «nicht A» (2) werden angegriffen.

Festzuhalten ist, dass mit einer gelungenen Widerlegung eines Argumentes R nicht die entsprechende Position (oder das von Argument R gestützte Argument Q) unhaltbar gemacht wurde, sondern eben nur dieses eine Argument R. Es könnten immer noch andere Argumente für diese Position (oder das Argument Q) sprechen. Oder es gibt keine positiven Argumente für die vertretene Position, dafür aber mindestens ein gutes Argument gegen die konkurrierende Position. In beiden Fällen wäre die Ausgangsposition weiterhin haltbar.

Nicht mehr die jeweiligen Positionen, sondern Argumente und Gegenargumente sind auf dieser und allen weiteren denkbaren Stufen nun Thema des Diskurses. Je mehr solchen aus der Struktur des Diskurses sich ergebenden Argumentationssträngen nachgegangen wird, desto sicherer und nuancierter wird ein ethisches Urteil ausfallen.

> Die Struktur des ethischen Diskurses ergibt sich aus der Vielfalt möglicher Argumente und Gegenargumente, die sich nicht nur auf Positionen, sondern auch auf diese Argumente und Gegenargumente beziehen können.

3.1.10 Der Geist der ethischen Argumentation

Ebenso wichtig wie das diskursiv-rhetorische Wissen ist die Haltung, mit der eine ethische Argumentation geführt wird. Das kritische Eingehen auf die Argumentation eines Gegenübers, der ehrliche Versuch, das Argument des anderen zu verstehen und so weit wie möglich zu würdigen, ist ein Merkmal kompetenter Ethik. Dies zeugt von Gelassenheit, Übersicht und Menschlichkeit – Merkmale, die nicht nur ganz allgemein sympathisch sind, sondern im Rahmen des ethischen Diskurses als erhöhte Glaubwürdigkeit und Überzeugungskraft einen konkreten Niederschlag und Nutzen finden. Gerade im Bereich der Ethik, der oft intimste Wertvorstellungen berührt, ist es schwierig, die Auseinandersetzung nicht zu einem Gegenüberstellen von Wertdeklarationen verkommen zu lassen – oder gar im Namen von Tabus die Diskussion ganz zu verweigern. Kompetente Ethiker und Ethikerinnen sind nüchtern, bescheiden und jederzeit für neue Argumente, Geschichten oder Fallbeispiele offen, denn sie wissen um die prinzipielle Schwäche jeder Position (das heißt der Unmöglichkeit einer Letztbegründung).

Bei der Rekonstruktion des Argumentes (siehe dazu Abschnitt 3.3 «Die Argumentationsstrategie in einem Leserbrief – ein Fallbeispiel») findet dieser Geist im *principle of charity* einen Niederschlag: Die Argumentation wird jeweils so ergänzt, dass sie das in unseren Augen bestmögliche Argument (oder den bestmöglichen Argumentationszusammenhang) ergibt. Eine so verstandene Rekonstruktion der Argumente ist also nicht rein mechanisch, sondern setzt Einfühlungsvermögen, Phantasie und einen kritischen Gerechtigkeitssinn voraus. Im Versuch der ethischen Verständigung besteht neben der «Bring-» (eigene gute Argumente) also auch eine «Holschuld».

Kompetente Ethiker und Ethikerinnen argumentieren mit Gelassenheit und Bescheidenheit. Dazu gehört die wohlwollende Bemühung um das Verstehen der gegnerischen Position.

3.2 Rhetorische Techniken des Argumentierens

Eine unterhaltsame Fundgrube für rhetorische Figuren ist das Buch von Hubert Schleichert, *Wie man mit Fundamentalisten diskutiert, ohne den Verstand zu verlieren. Anleitung zum subversiven Denken.*

Untersucht man ethische Diskurse, so lassen sich darin immer wiederkehrende Techniken der ethischen Argumentation erkennen. Wir nennen diese Techniken (in einem alltäglichen Sinn des Wortes) rhetorische Figuren. Ob und inwiefern sie effektiv dazu dienen, eine These zu erhärten (und inwiefern dies nicht nur faktisch geschieht, sondern berechtigterweise), muss jeweils im Einzelfall geprüft werden. Jede dieser Figuren ist mit ganz bestimmten Vorteilen, aber auch Problemen behaftet. Wir können dem hier nicht detailliert nachgehen, was aber auch nicht nötig ist. Es ist primär unser Anliegen, die Aufmerksamkeit für solche Figuren zu schärfen.

3.2.1 Das *slippery slope*-Argument (oder Dammbruch-Argument)

Gerade bei Diskussionen über neue Technologien ist die Figur der *slippery slope* häufig anzutreffen. Wenn A (zum Beispiel das Zulassen des therapeutischen Klonens) und B (das reproduktive Klonen) in einer gewissen Kontinuität zueinander zu stehen scheinen, dann wird die (unumstrittene) Ablehnung von B für eine Zurückweisung von A benutzt (obwohl vielleicht die Argumente gegen B auf A nicht zutreffen).

Bewertung: Die Kontinuität kann zweifacher Art sein: Einerseits besteht die Möglichkeit, dass in der alltäglichen Praxis des Handelns – durch Gewohnheit oder Unachtsamkeit – Grenzen umgangen oder unmerklich verschoben werden. Die adäquate Antwort auf diese Gefahr eines Dammbruches sind flankierende Maßnahmen, welche die befürchteten negativen Folgen verhindern.

Andererseits könnte die Verschiebung auf der Ebene der moralischen Überzeugung stattfinden. Wir sind der Meinung, dass Schritt A nicht darum verworfen werden sollte, weil dieser in Zukunft dazu beitragen könnte, auch Schritt B (den wir jetzt verwerfen) moralisch akzeptabel zu machen. Wir sollten die Demut haben, eine Veränderung der relevanten moralischen Überzeugungen in Zukunft nicht grundsätzlich auszuschließen. Wichtig ist jedoch, dass eine allfällige Anpassung der entsprechenden Gesetze in Zukunft nicht automatisch, sondern nur nach einer weiteren ethischen Grundsatzdiskussion erfolgen sollte. Insofern nicht mehr als dies sichergestellt werden soll, hat das *slippery slope*-Argument seine Berechtigung.

Beispiel: Das Klonen von Embryonen
Das Argument könnte lauten: «Wenn wir das Klonen von Embryonen zu therapeutischen Zwecken zulassen, dann werden wir auch das Klonen von Menschen für die Fortpflanzung erlauben.» Falls aber, wie wir glauben, die beiden angesprochenen Aktivitäten in verschiedenen Kontexten anzusiedeln sind, ist das Dammbruch-Argument der ersten Art nicht plausibel. Etwas plausibler ist hingegen die Annahme, dass durch das therapeutische Klonen (typischerweise zur Herstellung von Stammzellen) sich unsere Wahrnehmung dessen, was ein Mensch ist, mit der Zeit ändern wird. Das könnte unter Umständen dazu führen, dass wir in der Zukunft auch dem reproduktiven Klonen zustimmen werden.

3.2.2 Das «Schwarze-Schaf»-Argument

Wer das «Schwarze-Schaf»-Argument verwendet, stellt zum Schutz des Ganzen einzelne Entgleisungen als die Ausnahme dar, welche die Regel bestätigen: «Der Chief Executive Officer der Firma X, der unverhältnismäßig hohe Bezüge kassierte, ist ein Einzelfall, der nicht der Wirtschaft als ganzer angelastet werden kann!»

Die *paranoide* Deutung operiert genau umgekehrt, indem sie den Einzelfall in einen (versteckten) größeren Zusammenhang setzt: «Dieser Freisetzungsversuch von gentechnisch modifiziertem Weizen ist Teil einer Strategie der Agro-Unternehmen, die uns Gentech-Food aufzwingen möchten!»

Bewertung: In der Debatte ist dieses Argument bis zum Nachweis des Gegenteils gültig, denn schwarze Schafe kann es ja tatsächlich geben. Die Beweislast liegt also bei jenen, die vom Einzelfall auf eine Regel schließen. Das Schwarze-Schaf-Argument kann also berechtigt sein. Es ist allerdings in einer Kontroverse nicht besonders stark (oder gar schädlich), da es sich um ein Argument der Verteidigung handelt. Für die paranoide Deutung gilt genau das Gegenteil.

3.2.3 Das Argument *ad hominem 1*

Das Argument *ad hominem* bezieht sich, wie der lateinische Ausdruck es nahe legt, auf einen spezifischen Menschen: «Der Papst (oder Marx oder Mutter Teresa) sagte X», womit suggeriert wird, «darum muss X stimmen.» Es geht auch umgekehrt: «Hitler sagte …» Die (positive oder negative) Autorität einer Person wird auf ein Argument übertragen. Eine Unterform des Argumentes *ad hominem* ist das *Tu-quoque-Argument:* Dem Lehrer, der den Schülern das Rauchen verbietet, wird entgegnet: «Sie rauchen ja auch!» *Tu quoque* ist Lateinisch und heißt «Du (machst das ja) auch».

3.2 Rhetorische Techniken des Argumentierens

Bewertung: Von wem ein Argument stammt oder wie sich die entsprechende Person verhält, sollte eigentlich nichts mit der Richtigkeit des Argumentes zu tun haben. Die Tatsache, dass ein Mensch moralisch als gut oder verwerflich beurteilt wird, hat logisch gesehen keine direkten Auswirkungen auf den Wahrheitsgehalt seiner Aussagen. Die Wirksamkeit dieser Figur stammt daher, dass wir den «Wahrheitsgehalt» moralischer Aussagen immer auch an einer Lebenspraxis messen (*best account principle,* siehe Abschnitt 3.1.3 «Ethische Wahrheit als praktische Überzeugung»). Darum messen wir den moralischen Ansichten von Personen, deren Lebenspraxis uns einleuchtet, eine große Bedeutung zu. Für empirische, logische oder auch ästhetische Aussagen gilt dies natürlich nicht: «Mutter Teresa sagt, dass eins und eins drei ist» oder «Der Papst erklärt, die Sonne dreht sich um die Erde» oder «Marx behauptet, die Statue Doryphoros des Polyklet ist schön» sind Sätze, bei denen der Hauptsatz wenig bis gar nichts dazu beiträgt, den Nebensatz plausibler zu machen (im Gegenteil).

3.2.4 Das Argument *ad hominem 2*

Beim zweiten Argument *ad hominem,* das sich auf einen bestimmten Menschen bezieht, greift man die gegnerische Person an, statt rationale Argumente gegen deren Position zu suchen.

Bewertung: Diese rhetorische Figur ist aus den im vorherigen Abschnitt 3.2.3 angegebenen Gründen grundsätzlich falsch. Sie gehört zum Arsenal der Polemik. Da sie relativ häufig vorkommt, sei doch zumindest darauf hingewiesen, wie damit umgegangen werden kann. Wichtigste Regel: Man verteidige sich nicht! Damit würde man nämlich die implizite Voraussetzung akzeptieren, die es gerade zurückzuweisen gilt: dass das Verhalten einer Person etwas mit der Qualität ihrer Argumente zu tun hat (also nicht: «Das stimmt nicht. Ich verdiene nicht so viel» – auch wenn dies eine angebrachte Richtigstellung wäre). Eine mögliche Antwort ist die ironische Überbietung des Angriffes («Ich verdiene noch viel mehr, es müssen mindestens 10 Mio. sein. Sie sehen, ich bin ein ganz schlechter Mensch.»). Eine andere Antwort besteht darin, den persönlichen Angriff selbst zu thematisieren («Ihnen sind offenbar die Sachargumente ausgegangen, dass sie es nötig haben, mich persönlich anzugreifen.»)

3.2.5 Das Argument *ad temperantiam*

Temperantia ist der lateinische Ausdruck für Mäßigung oder Maßhalten. Bei diesem Argument sucht man sich also zur Linken und Rechten extremere Positionen (die gibt es immer) und gibt sich so als Vertreter des goldenen Mittelwegs.

Bewertung: Diese Argumentationsfigur ist nicht uninteressant. Sie bringt unter Umständen eine gewisse Differenzierung der vertretenen Position ins Spiel und setzt auf einen nüchternen, reflektierten Ton, was grundsätzlich wünschenswert ist. Da – wie gesagt – zu jeder Position noch eine extremere Position gefunden werden kann, sind sie allerdings alle bei Bedarf «goldene Mittelwege».

3.2.6 Analogien, Gleichnisse und Geschichten

Die sprachlichen Formen der Analogien, Gleichnisse und Geschichten werden oft benutzt, um bestimmte moralische Intuitionen zu mobilisieren. Als Beispiel kann der Film «Dead Man Walking» dienen: Der Film schildert einfühlsam, wie ein zur Todesstrafe verurteilter Mörder sich im Todestrakt mit der eigenen Tat, der Familie des Opfers und dem erwarteten Tod auseinander setzt. Das *Differenzierungsargument* wehrt sich gegen diese Form der Argumentation, indem es auf Differenzen zwischen dem zu untersuchenden Fall und den Gleichnissen oder Geschichten hinweist.

Bewertung: Eine Geschichte beweist nichts. Sie führt jedoch mit dem sanftem Zwang der Imagination zu einer neuen Perspektive auf ein Geschehen oder eine Situation und ist darum, wenn gekonnt eingesetzt, ein äußerst wirkungsvolles rhetorisches Mittel. Als Gegenargument kann das oben erwähnte, prinzipiell richtige Differenzierungsargument ins Feld geführt oder aber eine alternative, konkurrenzierende Geschichte (Analogie, Gleichnis) erzählt werden (z. B. aus der Perspektive der Familie des Opfers).

3.2.7 Die *red herring*-Taktik

Bei der *red herring*-Taktik lenkt man vom Thema ab, indem bewusst oder unbewusst über eine Analogie, ein Beispiel oder einen Seitenaspekt ein anderes (Streit-)Thema eingeführt wird. Der Name bezieht sich auf die Fuchsjagd, bei der zur Ablenkung der (unerfahrenen) Hunde von der Fährte des Fuchses ein Hering am Boden nachgezogen wird.

Beispiel: Die tierliebenden Diktaktoren
Ein schönes Beispiel stammt von Schleichert: «Wenn ein Tierfreund in einem Vortrag sagt: Tierliebe ist etwas Großartiges. Viele berühmte Männer waren große Hundliebhaber. Adolf Hitler, Josef Stalin, General Franco hatten Hunde …, so darf er sich nicht wundern, wenn sein Publikum sich im weiteren Verlauf weniger mit Tierliebe als z. B. mit Charaktereigenschaften von Diktatoren befasst» (Schleichert 1999, S. 52).

Bewertung: Zur Ablenkung von einem unangenehmen Thema ist diese Strategie äußerst einfach einzusetzen. Unser Denken basiert auf Analogien und Kurzschlüssen, und es folgt solchen aufregend duftenden Spuren darum meistens freudig. Ein Gespräch fängt beim Wetter an und führt über den Klimaschutz zum Irakkrieg, ohne dass es irgendwo zu einem vernünftigen Schluss gekommen wäre. Weniger einfach ist es, die *red herring*-Taktik abzuwehren. Es braucht viel Übung und Übersicht, um sich von solchen falschen Spuren nicht vom eigentlichen Ziel abbringen zu lassen und beharrlich die Argumente auf die eigentliche Streitfrage zurückzuführen.

3.2.8 Historisch-genetische Argumente

Indem der Ursprung einer moralischen Position beispielsweise aus der biologischen Evolution, der biographischen Entwicklung und den Machtinteressen der betreffenden Person erklärt wird, entkräftet man diese. Man weiß, woher sie kommt, reduziert sie auf diese Herkunft und schließt dann daraus: Sie ist nicht allgemeingültig.

Bewertung: Die historisch-genetische Argumentation funktioniert darum so gut, weil irrigerweise angenommen wird, die Wahrheit einer moralischen Position müsse «an sich» und unabhängig von ihren Entstehungsbedingungen, sozusagen «überzeitlich» festgestellt werden können. Das Argument hat jedoch eine Berechtigung, wenn dadurch der Blick erweitert wird für die unterschiedlichen Kontexte von moralischen Positionen.

3.2.9 Tabuisierung

Moralische Tabus beziehen sich auf Handlungen, deren Möglichkeit – und sei es auch nur im Modus des Verbotes – moralisch nicht zu sein hat und darum nicht ist. Ein Tabu ist also mehr als ein Verbot: Es ist das Verbot, auch nur über das Verbot (oder die Aufhebung des Verbotes) zu sprechen.

> **Beispiel: Mord in der Schokoladefabrik (in Anlehnung an Bernard Williams)**
> Wenn an der Geschäftsleitungssitzung einer Schokoladefabrik diskutiert wird, wie man mit der stärkeren Konkurrenz umgehen soll, und eine der Anwesenden bemerkt: «Wir könnten den Konkurrenten natürlich umbringen lassen, aber das ist moralisch nicht korrekt, und darum schlage ich vor, dass wir dies nicht tun sollten», so stimmt das natürlich, und alle werden wohl auch mit ihr einverstanden sein wollen. Trotzdem haben wir den Eindruck, dass mit diesem Satz moralisch etwas nicht stimmt: Es wird mit ihm eine Handlungsmöglichkeit angesprochen – und sei es auch nur im Modus der Verwerfung –, an die man überhaupt nicht denken darf und meistens auch nicht denkt. Tabus sind in diesem Sinne Ausdruck einer Tiefenstruktur unserer moralischen Überzeugungen, die bestimmt, welche Handlungsoptionen – sei es als Verbot oder als Gebot – überhaupt von uns in Erwägung gezogen werden.

Man kann im ethischen Diskurs Tabus aufstellen (Tabuisierung) oder aber Tabus verletzen. Beide Strategien setzen den Gegner unter enormen Zugzwang.

Bewertung: Der erfolgreiche Versuch der Tabuisierung spezifischer Handlungen (etwa die Abtreibung, den Infantizid oder Beihilfe zum Suizid) respektive deren Begründung, zwingt den Gegner dazu, sich in einem Feld moralischer Empörung zu behaupten. Es wird ihm eine Beweislast zugeschoben, und zwar nicht nur für die Berechtigung einer Handlungsoption oder einer Position, sondern sogar für die grundsätzliche Option, darüber überhaupt sprechen zu dürfen. Eine Gegenstrategie könnte sein, die Tabuisierung selbst als moralisch falsch zurückzuweisen und dem Gegner im Geiste der Aufklärung Obskurantismus oder Fundamentalismus vorzuwerfen.

3.2.10 Übertreibung und Vereinfachungen

Übertreibungen und Vereinfachungen werden benutzt, um die meist komplexen Verhältnisse auf klare Fronten zurechtzustutzen. Sie sind normalerweise einfach zu erkennen an Wörtchen wie «immer» oder «nie», «der höchste» (Wert, zum Beispiel) oder an der Benutzung von definitiven Artikeln und eindeutigen Bezeichnungen: «die da», «wir», «sie» oder andere.

Bewertung: Die suggerierte Eindeutigkeit dessen, was richtig oder was der Fall ist, wird schon nur durch die Tatsache widerlegt, dass es eine ethische Debatte gibt: Offenbar sind nicht alle Menschen der suggerierten Meinung, und/oder die Situation ist komplexer, als sie präsentiert wird. In diesem Sinne könnte eine Gegenstrategie wie folgt aussehen. Man kann zurückfragen: «Sie scheinen klar zu wissen, was gut ist und wie die Situation aussieht. Andere Menschen in diesem Raum haben offensichtlich eine andere Meinung, da wir sonst kaum diskutieren würden. Was glauben Sie, was ist es, das diese Menschen dazu führt, eine andere Meinung zu haben?» Die andere Partei wird damit gezwungen, entweder platt mit dem Vorwurf der Boshaftigkeit oder der Dummheit zu reagieren (siehe dazu Abschnitt 3.2.4 «Das Argument *ad hominem 2*»), oder aber selbst die Komplexität der Situation zu benennen.

3.2.11 Pappkameraden abschießen

Der Argumentation mit der gegnerischen Position wird aus dem Weg gegangen, indem man sich die zu bekämpfende Position in einer schwachen, leicht angreifbaren Form (eben: als Pappkameraden) zurechtlegt. Die soeben angesprochenen (polemischen) Übertreibungen und Vereinfachungen sind dazu bewährte Mittel.

Bewertung: Im Disput mit anderen ist es normal, dass wir die Schwächen der gegnerischen Position herausstreichen. Wenn sie diese nicht hätte, wären wir ja von ihr überzeugt, und der Disput wäre gar nicht nötig. Insofern handelt es sich um eine typische und durchaus fruchtbare Methode des Diskurses. Es gilt allerdings, sich das Leben nicht zu einfach zu machen, sonst hat man am Schluss eben wirklich nur einen Pappkameraden und nicht ein möglicherweise gutes Argument widerlegt. Als Korrektiv dient dementsprechend das *principle of charity:* Die gegnerische Position sollte so interpretiert werden, dass sie so stark wie möglich erscheint.

3.3 Die Argumentationsstrategie in einem Leserbrief – ein Fallbeispiel

Die wenigsten Menschen bilden sich ihre Meinung zu moralischen Themen aufgrund von wohl ausgewogenen Gutachten, bei denen logisch korrekt von ausgewiesenen Prämissen zu den Schlussfolgerungen geschritten wird. Vielmehr bestimmen eine unübersichtliche Zahl von mehr oder weniger konfusen, mehr oder weniger lauten, meistens jedoch kurzen, sloganartigen Stellungnahmen die moralischen Überzeugungen. Leserbriefe sind dafür typische Beispiele.

Anhand einer detaillierten Untersuchung eines dieser Kurztexte möchten wir Ihren Blick für den Argumentationsaufbau und die meist unbewusst eingesetzten rhetorischen Stilmittel schärfen. Eine solche Untersuchung erlaubt es auch, die Schwachstellen der Argumentation offen zu legen und zu benennen. Unsere Textanalyse ist jedoch nur ein Beispiel unter vielen möglichen und soll vor allem als Anregung zu eigenen Untersuchungen von Diskussionsbeiträgen dienen. Gehen Sie dabei in drei Schritten vor:

1. *Rekonstruktion des Argumentationsaufbaus*
   Unterstreichen Sie zuerst alle Worte wie beispielsweise «und», «stattdessen», «einerseits–andererseits», «aber». Die durch diese Wörter in Verbindung gebrachten Sätze oder Satzteile sind die Bausteine des Argumentes: Versuchen Sie diese in eigene Worte zu fassen und zu ordnen.
   Identifizieren Sie die expliziten und impliziten *normativen* und *faktischen* Annahmen, und rekonstruieren Sie die Argumentation in groben Zügen. In Zweifelsfällen kommt das *principle of charity* zum Zuge: Unterstellen Sie dem Autor, dass er das in Ihren Augen bestmögliche Argument intendierte. Versuchen Sie auch, die Hauptthese des Textes bündig zu formulieren: Sie werden merken, dass oft unklar ist, wogegen (seltener, da schwieriger: wofür) eigentlich genau argumentiert wird.
2. *Identifizierung der rhetorischen Techniken*
   Identifizieren Sie rhetorische Figuren. Die im vorherigen Abschnitt 3.2 aufgeführten Liste hilft Ihnen dabei, Stärken und Schwächen dieser Figuren einzuschätzen.
3. *Sonstige Elemente*
   Achten Sie auf sonstige Elemente, die dazu beitragen, den Sinn und das *Feeling* des Textes zu erzeugen. In unserer Fallstudie ist die Wortwahl, beispielsweise zur Bezeichnung der verschiedenen Parteien, aussagekräftig. In anderen Fällen können der einfache oder aber der distinguierte Satzaufbau, im Text versteckte Anspielungen auf aktuelle Umstände und Ereignisse, Rahmenelemente wie beispielsweise Fotos oder Tabellen von Bedeutung sein.

Situationsbeschreibung: In der Schweiz ist Beihilfe zum Suizid, sofern keine eigennützigen Motive vorliegen, erlaubt. In den Alters- und Pflegeheimen der Stadt Zürich galt allerdings ein entsprechendes Verbot. Dieses wurde vom Stadtrat per 1. Januar 2001 aufgehoben. Der folgende Text bezieht sich auf diesen Entscheid und erschien auf der Leserbriefseite der Neuen Zürcher Zeitung (NZZ) vom 11. November 2000.

3.3 Die Argumentationsstrategie in einem Leserbrief – ein Fallbeispiel

NZZ, Leserbriefe, 11. November 2000
«Beihilfe zum Selbstmord durch Sterbehilfeorganisationen soll ab 1. Januar 2001 in den Zürcher Heimen erlaubt werden. Stadtrat Robert Neukomm spricht in schönfärberischen Worten von ‹Selbstbestimmungsrecht›. Tatsächlich geht es aber darum, das höchste menschliche Gut, unser Leben, persönlicher Willkür zu überlassen. Damit verlieren die Alters- und Krankenheimbewohner die Sicherheit, dass ihnen im Falle von persönlichen Krisen und Lebensüberdruss beigestanden wird. Und wer leidet, wenn er alt und krank ist, nicht gelegentlich an Lebensüberdruss? Besonders wenn die Pflege liebloser wird, wie das durch Professionalisierung und Spardruck leider heute der Fall ist. Nur, wenn er dann in die Finger der Sterbehelfer gerät, ist es nachher zu spät. Deswegen werden bis heute diese Sterbehelfer zu Recht aus den Heimen verbannt.
Der Schutz vor Missbräuchen durch Meldepflicht und Prüfung durch ein unabhängiges Team, wie es die Stadt vorsieht, ist kaum mehr als Augenwischerei, denn der wichtigste Zeuge wird tot sein. Und die Sterbehelfer werden genügend ‹unabhängige› Experten und Gutachter zur Verfügung stellen, die die Urteilsfähigkeit und psychische Gesundheit der zu Tötenden bestätigen. Dass der Schritt von der Suizidbeihilfe zur aktiven Tötung (Euthanasie) nicht sehr groß ist («manchmal muss man etwas nachhelfen»), belegen alle bisherigen Erfahrungen (Holland, USA).
Zürich reißt mit dieser neuen Regelung einen Schutzwall für unsere Alten und Kranken ein. Das ist durch nichts zu rechtfertigen. Zu Recht wird der moralische Stand einer Gesellschaft daran gemessen, wie sie mit ihren schwächsten Mitgliedern umgeht. Zürich würde es sehr gut anstehen, seinen alten Stadtbewohnern alle erdenkliche Fürsorge und Zuwendung zu geben und ihnen einen würdigen letzten Lebensabschnitt ohne Angst vor den Sterbeorganisationen zu ermöglichen.»
Dr. med. Florian Ricklin (Zürich)

3.3.1 Aufbau und Begründung der Argumentation

Anhand des Leserbriefes werden Regelungen, Werte, Argumente und Forderungen herausgearbeitet, auf der die Argumentationsstrategie beruht. Anschließend versuchen wir, die Argumentation des Leserbriefes übersichtlich zu rekonstruieren. Wir müssen dabei an mehreren Stellen unklare Aussagen deuten.

Analyse des Textes		
Beihilfe zum Selbstmord durch Sterbehilfeorganisationen soll ab 1. Januar 2001 in den Zürcher Heimen erlaubt werden.	Die Sachlage: Regelung	Regelung 1
Stadtrat Robert Neukomm spricht in schönfärberischen Worten von «Selbstbestimmungsrecht».	Gegnerischer Wert: Selbstbestimmung	Wert 1
Tatsächlich geht es aber darum, das höchste menschliche Gut, unser Leben, persönlicher Willkür zu überlassen.	Eigener Wert, im Konflikt mit Wert 1: Leben	Wert 2
Damit verlieren die Alters- und Krankenheimbewohner die Sicherheit, dass ihnen im Falle von persönlichen Krisen und	Argument gegen Regelung 1: Unsicherheit von Beistand	Argument 1
Lebensüberdruss beigestanden wird. **Und** wer leidet, wenn er alt und krank ist, nicht gelegentlich an Lebensüberdruss? Besonders wenn die Pflege liebloser wird, wie das durch Professionalisierung und Spardruck leider heute der Fall ist.	Präzisiert Argument 1: Spardruck trägt zu Lebensüberdruss bei	Argument 2
Nur, wenn er dann in die Finger der Sterbehelfer gerät, ist es nachher zu spät.	Argument … wogegen genau?	Argument 3
Deswegen werden bis heute diese Sterbehelfer zu Recht aus den Heimen verbannt.	Eigene Forderung: Bisherige Regelung beibehalten	Forderung 1
Der Schutz vor Missbräuchen durch Meldepflicht und Prüfung durch ein unabhängiges Team, wie es die Stadt vorsieht,	Sachlage: Umgang mit Missbrauchsgefahr	Regelung 2
ist kaum mehr als Augenwischerei, **denn** der wichtigste Zeuge wird tot sein.	Regelung 2 unrealistisch, da Zeuge tot	Argument 4
Und die Sterbehelfer werden genügend «unabhängige» Experten und Gutachter zur Verfügung stellen, die die Urteilsfähigkeit und psychische Gesundheit der zu Tötenden bestätigen.	Regelung 2 schlecht: Keine unabhängige Experten	Argument 5
Dass der Schritt von der Suizidbeihilfe zur aktiven Tötung (Euthanasie) nicht sehr groß ist («manchmal muss man etwas Nachhelfen»), belegen alle bisherigen Erfahrungen (Holland, USA).	Gegen Regelung 2: zwischen aktiver Sterbehilfe und Beihilfe zum Suizid besteht in der Praxis keine klare Grenze.	Argument 6
Zürich reißt mit dieser neuen Regelung einen Schutzwall für unsere Alten und Kranken ein.	Schluss	

3.3 Die Argumentationsstrategie in einem Leserbrief – ein Fallbeispiel

Das ist durch nichts zu rechtfertigen. Zu Recht wird der moralische Stand einer Gesellschaft daran gemessen, wie sie mit ihren schwächsten Mitgliedern umgeht.	Appell an Werthaltung	Wert 3
Zürich würde es sehr gut anstehen, seinen alten Stadtbewohnern alle erdenkliche Fürsorge und Zuwendung zu geben **und** ihnen einen würdigen letzten Lebensabschnitt **ohne** Angst vor den Sterbeorganisationen zu ermöglichen.	Positive Forderung nach guter Fürsorge und würdigem letztem Lebensabschnitt	Forderung 2

Rekonstruktion der Argumentation	
Sachlage (Regelung 1)	Regelung 1: «Beihilfe zum Selbstmord» soll erlaubt werden.
Konfligierende Werte	Wert 1 «Selbstbestimmungsrecht»: Jeder darf über sein eigenes Leben frei entscheiden. Gerade in den für die Person existenziell wichtigen Entscheidungen muss sie autonom, ohne Fremdbestimmung, handeln dürfen.
	Wert 2 (indirekt): Das menschliche Leben ist ein sehr hohes Gut, das unter Umständen auch gegen den eigenen Willen in Schutz genommen werden muss.
Argumentation gegen Regelung 1	Argument 1: Regelung 1 führt zu Unsicherheit im Umgang mit dem eigenen Lebensüberdruss.
	Argument 2: Lebensüberdruss ist nicht nur auf freien Willen, sondern auch auf Stimmungsschwankungen zurückzuführen. Dieser wird möglicherweise vom Spardruck (= schlechte Pflege) verstärkt.
	Argument 3: Die Gefahr besteht, dass betagte Menschen von Sterbehelfern übermäßig beeinflusst werden (also auch so keinen eigenen Willen mehr haben).
Sachlage (Regelung 2)	Regelung 2: Vorkehrungen gegen Missbräuche sind vorgesehen.
Argumentation gegen Regelung 2	Argument 4: Es gibt keine Möglichkeit zur Kontrolle (der «Zeuge» ist tot).
	Argument 5: «Gutachten» bei der Beurteilung von Urteilskraft und psychologischen Zuständen sind notorisch unsicher und problematisch.
	Argument 6: Wirksamer Missbrauchsschutz wäre darum wichtig, weil es nur ein kleiner Schritt zur aktiven Tötung ist.
Schlussfolgerung	Forderung 1: Wegen der Argumente 1 bis 6 ist die bisherige Regelung (kein Zugang von Sterbehilfeorganisationen) besser als Regelung 1.
	Forderung 2: Die Ursachen des Lebensüberdrusses sind zu bekämpfen: Bessere Pflege und Fürsorge wären angebracht.

Im Anschluss an diese Rekonstruktion der Argumentation des Leserbriefes wollen wir einige Bemerkungen machen. Diese sollen die Position des Leserbriefs nicht inhaltlich bewerten. Zur Debatte steht primär die Struktur der Argumentation.

- *Kritik statt Begründung:* Die Argumentation des Autors erfolgt über eine Kritik der gegnerischen Position, nicht durch eine Begründung der eigenen Haltung. Dies ist insofern berechtigt, als im Normalfall die eigene Position als selbstverständlich empfunden wird und erst durch die konkurrenzierende Meinung überhaupt explizit gemacht werden muss (siehe Abschnitt 3.1.9 «Die Struktur ethischer Diskurse»). Nahe liegend und auch argumentationstechnisch rational ist es in einem solchen Fall, zuerst die Argumente der gegnerischen Position anzugreifen. Die Forderung nach einer umfassenden «Begründung» der eigenen moralischen Position ist in der Regel als unnötig zurückzuweisen. Sinnvoller ist die Forderung, für die eigene moralische Position im Falle von Kritik punktuell Rechenschaft abzulegen. Dies gilt allerdings für beide Positionen: Beide empfinden sich im Normalfall zuerst als selbstverständlich. Eine wichtige Konsequenz aus dieser Einsicht: In der ethischen Debatte hat jene Partei schon halb gewonnen, die es schafft, der anderen Partei die Beweislast zuzuschieben.
- *Problem bei der Zuteilung der Beweislast:* Wie steht es im vorliegenden Fall? Wir gehen normalerweise zu Recht von der Annahme aus, dass Menschen über Willensfreiheit verfügen und dass diejenigen beweispflichtig sind, die für bestimmte Fälle das Gegenteil behaupten (so z.B. im Strafprozessrecht). Diesem Grundsatz folgt der Entscheid des Zürcher Stadtrates: Es wird angenommen, dass auch betagte Personen fähig sind, selbstständig über ihr Leben zu entscheiden. Wir sind der Ansicht, dass darum die Beweislast bei den Gegnern der Beihilfe zum Suizid wäre. Sie müssten zeigen, inwiefern im konkreten Fall die prinzipielle Annahme der Autonomie der betroffenen Menschen falsch ist. Dem Argument 2, das dies zu leisten beansprucht, begegnet der Stadtrat mit den Begleitmaßnahmen von Regelung 2.
- *Große Interpretationsspielräume:* Wir sind nach dem *principle of charity* vorgegangen: Wir haben den Text so interpretiert, dass das in unseren Augen bestmögliche Argument daraus resultiert.

Im Rahmen einer polemischen Interpretation würde man gerade anders vorgehen und zum Beispiel das Argument 2 so übersetzen: «Die Alters- und Pflegeheimbewohnerinnen verfügen über keinen eigenen Willen. Ihr Lebensüberdruss ist schlussendlich auf die Sparbemühungen der Regierung zurückzuführen.» Diese Behauptung ist überspitzt und lässt sich viel leichter bekämpfen als die *prima facie* plausible Annahme von Argument 2. Ein weiteres Beispiel ist Argument 3. Die entsprechende Textstelle ist nicht ganz einfach zu verstehen («nachher» – wann? Und: «zu spät» – wofür?). Sie könnte wie folgt ausgelegt werden: «Alle Sterbehelfer trachten danach, betagte Menschen umzubringen.» Auch in diesem Fall ist die polemische Zurechtlegung der gegnerischen Meinung (zu der allerdings der Text in gewisser Weise einlädt) einfacher zu widerlegen als der nicht an sich schon unvernünftige Verdacht von Argument 3.

- *Widerspruch in der Argumentation:* En passant wollen wir auf einen Widerspruch in der Argumentation hinweisen. Argument 4 setzt implizit voraus, dass der «Zeuge», die verstorbene Person, als Einziger Auskunft geben kann über seinen wahren Willen. Gerade dies wurde jedoch kurz vorher mit Argument 2 bestritten: Offen bekundeter «Lebensüberdruss» sei Ausdruck einer «Krise» und damit nicht der effektive Wille der Person. Entweder ist nun aber die betroffene Person die einzige, die über ihren wahren Willen Auskunft geben kann, oder sie ist es nicht. Die Argumentation des Autors gegen Regelung 1 und jene gegen Regelung 2 widersprechen sich in ihren Annahmen. Sie sehen daran, warum es wichtig ist, die impliziten Prämissen zu rekonstruieren.

3.3.2 Rhetorische Figuren und Wortwahl

Fast wichtiger als der formale Argumentationsaufbau sind in einem derart kurzen Text die vom Autor geschickt eingesetzten rhetorischen Figuren und Stilmittel. Sie suggerieren Bedeutungen, schaffen Assoziationen und besetzen damit unterschwellig die verschiedenen Positionen mit positiven und negativen Werturteilen. Wir haben im folgenden Text einige der eingesetzten rhetorische Figuren hervorgehoben. Zudem machen wir durch alternative Formulierungsmöglichkeiten auf die eine oder andere aussagekräftige Wortwahl aufmerksam.

Wortwahl und rhetorische Figuren als Argumentationsmittel	
Beihilfe zum **Selbstmord** durch	«-mord» statt «Suizid»
Sterbehilfeorganisationen soll ab 1. Januar 2001 in den Zürcher Heimen **erlaubt** werden.	Die Gegner würden wohl schreiben: «nicht mehr verboten»
Stadtrat Robert Neukomm spricht in **schönfärberischen Worten** von «Selbstbestimmungsrecht».	Vorwurf des Euphemismus
Tatsächlich geht es aber darum, **das höchste** menschliche Gut, unser Leben,	Übertreibung (statt «ein hohes Gut»)
persönlicher **Willkür** zu überlassen. Damit verlieren die Alters- und Krankenheimbewohner die Sicherheit,	Statt «Willen» oder «Freiheit»
dass ihnen im Falle von **persönlichen Krisen** und Lebensüberdruss beigestanden wird.	Lebensmüdigkeit wird per Definition zu einer «Krise»
Und wer leidet, wenn er alt und krank ist, nicht gelegentlich an Lebensüberdruss?	Rhetorische Frage
Besonders wenn die **Pflege lieblose**r wird, wie das durch Professionalisierung und **Spardruck** leider heute der Fall ist. Nur, wenn er dann	Ein verstecktes Argument *ad hominem?* Hier könnte suggeriert sein, dass die Behörden (Stadtrat Neukomm) schuld am Lebensüberdruss sind, da sie die Sparpolitik zu verantworten haben.
in die **Finger der Sterbehelfer** gerät, ist es nachher zu spät.	Statt «in die Hände» oder gar «Obhut» der Sterbehelfer «der» und weiter unten «diese» suggeriert, dass man die «Sterbehelfer» wohl schon kennt.
Deswegen werden **bis heute** diese Sterbehelfer	Autorität der Tradition
zu Recht aus den Heimen **verbannt**. Der Schutz vor Missbräuchen durch Meldepflicht und Prüfung durch ein unabhängiges Team, wie es die Stadt vorsieht, ist kaum mehr als Augenwischerei, Denn der wichtigste Zeuge wird tot sein.	Statt «Zugang wird restriktiv gehandhabt»
Und die Sterbehelfer werden genügend **«unabhängige»**	Ironie oder Sarkasmus
Experten und Gutachter **zur Verfügung stellen,**	Suggeriert «bezahlen»?
die die Urteilsfähigkeit und psychische Gesundheit **der zu Tötenden** bestätigen.	Statt «der Sterbewilligen»
Dass **der Schritt** von der Suizidbeihilfe zur aktiven Tötung (Euthanasie) nicht	*slippery slope*-Argument
sehr gross ist (**«manchmal muss man etwas Nachhelfen»), belegen alle** bisherigen Erfahrungen (Holland, USA).	Sarkasmus, Übertreibung

3.3 Die Argumentationsstrategie in einem Leserbrief – ein Fallbeispiel

Zürich reißt mit dieser neuen Regelung einen **Schutzwall** für unsere Alten und Kranken ein.	Metapher
Das ist durch **nichts** zu rechtfertigen. Zu Recht wird der moralische Stand einer Gesellschaft daran gemessen,	Übertreibung
wie sie mit ihren schwächsten Mitgliedern umgeht. Zürich würde es sehr gut anstehen, seinen alten Stadtbewohnern alle erdenkliche Fürsorge und	Achtung, *red herring*-Gefahr: Zur Debatte steht nicht, ob mehr Fürsorge und Zuwendung angebracht seien.
Zuwendung zu geben und ihnen **einen würdigen** letzten Lebensabschnitt ohne Angst vor den	Kampf um Besetzung von «Würde» (siehe unten)
Sterbeorganisationen zu ermöglichen.	Statt «Sterbe*hilfe*organisationen» (wie noch eingangs)

Im Anschluss an diese Beobachtungen wollen wir noch folgende Bemerkungen machen:

- *Kampf um die Besetzung von positiv konnotierten Begriffen:* Der positiv besetzte Begriff der «Würde» steht in der Sterbehilfedebatte in engem Zusammenhang mit dem Prinzip der Autonomie: Würdevoll leben jene, die in Freiheit ihr Schicksal selbst bestimmen können. Der Autor des Leserbriefes versucht im Text, den Begriff zu okkupieren: «Würde» komme jener Person zu, die nicht Angst vor «Sterbeorganisationen» haben müsse und die gut umsorgt werde, so der implizite Umdeutungsvorschlag des Autors. Der Kampf verschiedener Parteien um das Recht, positiv konnotierte Schlagwörter wie «Freiheit», «Gerechtigkeit», «Würde» und «Sicherheit» für sich in Anspruch zu nehmen, gehört zum *courant normal* der öffentlichen Debatte.
- *Sprachfelder:* Achten Sie auf das Sprachfeld der Wörter, ihre Konnotationen und ihre Stimmung. Das Wort «verbannen» etwa ist von geradezu urtümlicher Kraft und suggeriert eine Welt, in der «unreine» im religiösen Sinne oder zumindest gemeingefährliche Elemente aus der Gesellschaft ausgeschlossen und fortgeschickt werden müssen. Dieser Gegensatz von Gesellschaft («wir» und «unsere» Alten) und Verbannten wird verstärkt durch die konsequente Benutzung der demonstrativen Pronomen («die», «diese») zur Bezeichnung der «Sterbehelfer».

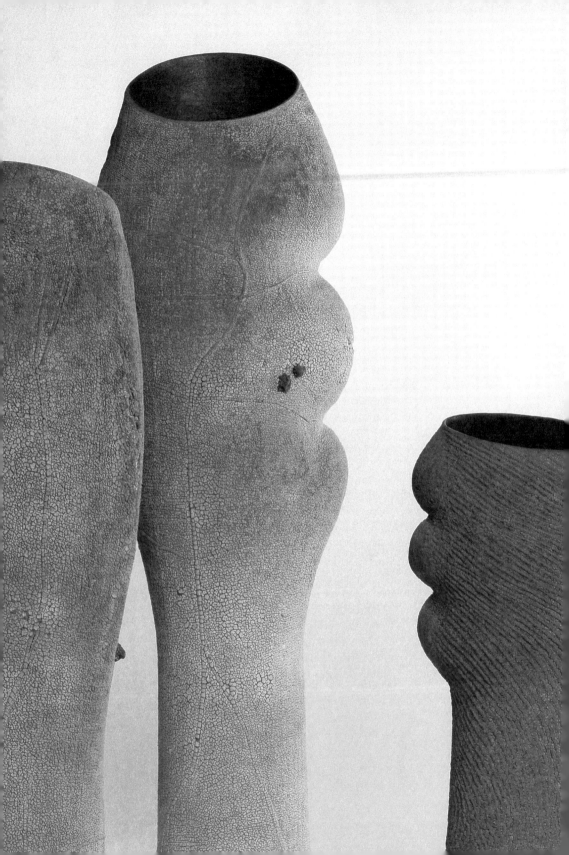

4 Angewandte Ethik: Bereichsethiken und Fallstudien

4.1 Bereichsethiken

Die Nutzung der Atomenergie, der erste Bericht an den Club of Rome von 1972, der auf die natürlichen Grenzen des Wachstums aufmerksam machte, die 68er Bewegung, medizinische Fortschritte wie die Pille oder die Transplantationsmedizin, der Vietnamkrieg – eine ganze Reihe von technischen und gesellschaftlichen Entwicklungen führten in den 60er und 70er Jahren dazu, dass sich die akademische Ethik konkreten Problemen zuwandte. Rasch wurde deutlich, dass die verschiedenen Anwendungsfelder spezifische Instrumente und Konzepte benötigten. Die Ethik spezialisierte sich und entwickelte eine Vielzahl von Bereichsethiken. Wir stellen einige davon in knappster Form beispielhaft mit einigen spezifischen Themen, Fragestellungen und Problemen vor. Mit diesen Ausführungen machen wir nur einen sehr kurzen Streifzug ins Gebiet der Bereichsethiken. Es gibt Hunderte von Büchern und Artikel nicht nur zu den im Folgenden erwähnten, sondern auch zu weiteren Bereichsethiken wie etwa Technikethik, Medienethik, Rechtsethik, Tierethik oder Wissenschaftsethik.

Weiterführende Texte und Literatur finden sich in Julian Nida-Rümelin, *Angewandte Ethik. Die Bereichsethiken und ihre theoretische Fundierung. Ein Handbuch,* oder Annemarie Pieper und Urs Thurnherr, *Angewandte Ethik. Eine Einführung.*

4.1.1 Medizinethik

Thema der Medizinethik ist die Rolle und das Verhalten von Ärztinnen, Pflegenden und Forschenden mit Problemen im Umkreis von Krankheit und Gesundheit, Leben und Tod. Zu den zentralen Fragen gehört das Verständnis von Krankheit, Leben, Tod und Person angesichts der Möglichkeiten der modernen Medizin. Konkret wird beispielsweise gefragt: Wie bewertet man Embryonenforschung, Abtreibung, Sterbehilfe, Keimbahnintervention und Klonen bei Menschen?

Aus der Vielzahl aktueller Probleme erwähnen wir folgende:

- *Verhältnis zwischen Ärztin und Patient:* In Ablehnung einer wohlgemeinten, aber als paternalistisch empfundenen Bevormundung des Patienten durch das medizinische Personal («Wir wissen schon, was gut ist für Sie») wurde in den vergangen Jahrzehnten der Begriff der «Patientenautonomie» das zentrale Regulativ im Verhältnis zwischen Ärztin und Patient. Patientenautonomie ist zwar als Leitbild unbestritten, kann sich jedoch in der praktischen Umsetzung als problembehaftet erweisen. Offener oder versteckter Druck von Angehörigen oder Ärzten und Ärztinnen sowie gesellschaftliche Erwartungen unterhöhlen das Ideal. Zudem gibt es zahlreiche nichteinwilligungsfähige Menschen (zum Beispiel im Koma liegende Patienten), für die andere Menschen stellvertretend Entscheide fällen müssen.
- *Wirtschaftlicher Hintergrund:* Die Ausweitung medizinischer Diagnose-, Therapie und Eingriffsmöglichkeiten bei gleichzeitig steigenden Kosten des Gesundheitswesens führt zu bisher unbekannten Problemen. Nicht mehr alles, was behandelt werden kann, wird in Zukunft finanzierbar sein. Gleichzeitig stellen sich Verteilungsfragen, und zwar auf verschiedensten Ebenen: Nach welchen Kriterien sollen die limitierten Ressourcen in einem Spital, einem Land, verschiedenen Gesellschaftsschichten oder auch international eingesetzt werden? Wer nimmt die Verteilung aufgrund welcher Kriterien vor?
- *Menschenwürde:* Seit Jahren wird im Zusammenhang mit Fragen der Abtreibung und der Sterbehilfe teilweise erbittert über den Begriff der Person gestritten. Wer oder was ist eine Person? Hängt das von Eigenschaften wie beispielsweise Rationalität oder Bewusstsein ab? Sind alle Menschen Personen? Kommt nur Personen Menschenwürde zu oder allen Menschen?

> **Beispiel für eine medizinethische Fragestellung:**
> **Der Fall Nicolas Perruche (Frankreich)**
> *Fallbeschreibung:* 1982 hatte die schwangere Josette Perruche, weil ihre Tochter an Röteln erkrankt war, ihren Arzt aufgesucht, um eine eventuelle Ansteckung abzuklären. Die Untersuchungsergebnisse waren negativ, das heißt, es sollte ein gesundes Kind geboren werden. Wenige Monate später kam der an schweren neurologischen Störungen, an Schwerhörigkeit, fortschreitender Sehschwäche und an einem schweren Herzfehler leidende Nicolas Perruche zur Welt. Der behandelnde Arzt und das Labor wurden dazu verurteilt, den Eltern und der Schwester von Nicolas Schadenersatz zu bezahlen. Stellvertretend für ihren Sohn reichten die Eltern eine Klage ein, die darüber hinaus auch eine Entschädigung für das behinderte Kind selbst forderte. Das Gericht entschied, Nicolas Perruche könne dafür Schadenersatz verlangen, dass er infolge einer Fehldiagnose nicht abgetrieben worden sei.
> *Fragestellung:* Wer trägt die moralische Verantwortung für die entstandene Situation? Wer definiert, was ein lebenswertes Leben (respektive *wrongful life*) ist? Ist die stellvertretende Klage der Eltern für ihren Sohn ethisch vertretbar? Welche positiven oder negativen moralischen Folgen hat die Klage der Eltern und der entsprechende Gerichtsentscheid?

4.1.2 Genethik

Thema der Genethik sind die Fragen, die sich im Zusammenhang mit den Möglichkeiten der technischen Bearbeitung und Veränderung des Erbmaterials von Mikroorganismen, Pflanzen, Tieren und Menschen ergeben. Umstritten ist, welches im Einzelnen die Chancen und Risiken gentechnologischer Verfahren sind.

Zum Teil überschneidet sich die Gen- mit der Medizinethik. Man spricht dann oft generell von Bioethik, von einer Ethik also, die Probleme der Biowissenschaften (inklusive Medizin) thematisiert.

Aus der Vielzahl aktueller Probleme erwähnen wir folgende:

- *Internationale Gerechtigkeit:* Umstritten ist, ob sich das Hungerproblem durch die Herstellung transgener (also gentechnisch modifizierter) Nutzpflanzen lösen lässt oder ob es sich dabei nicht eher um ein Verteilungsproblem handelt. Diskutiert wird zudem, ob nicht die Abhängigkeit der Bauern von internationalen Saatgutunternehmen die wirtschaftlichen Probleme der Länder des Südens zementiere.
- *Patentierung:* Dass der Schutz von Erfindungen ein zentrales Instrument wirtschaftlicher Innovation ist, dürfte unbestritten sein. Umstritten ist allerdings, ob spezifische Gensequenzen als patentierbare Erfindungen oder bloß als Entdeckungen vorliegender Strukturen zu gelten haben.

- *Medizinische Diagnostik:* Die neuen Methoden der medizinischen Gendiagnostik eröffnen einerseits Chancen bezüglich der (Früh-)Erkennung von Krankheiten. Andererseits entstehen neue Risiken: Resultate der Diagnostik könnten zur Diskriminierung von Patienten (etwa durch den Arbeitgeber, durch Versicherungen usw.) führen. Zudem wird die Frage aktuell, ob es nicht auch ein Recht auf Nichtwissen gibt: Einige der diagnostizierten Krankheiten können nicht geheilt werden. Welche Folgen hat dieses Wissen hinsichtlich der Lebensqualität der Betroffenen? Sind nicht Situationen denkbar, in denen Betroffene besser leben würden, wenn sie nichts über ihre genetische Konstitution wüssten?

**Beispiel für eine genethische Fragestellung:
Die Keimbahnintervention am Menschen**
Kurzbeschreibung: Der Ausdruck Keimbahnintervention bezeichnet Eingriffe, durch welche Keimbahnzellen (Spermien und Eizellen) gentechnisch so verändert werden, dass Nachkommen entsprechende genetische Veränderungen tragen würden. Ziel wäre es, Menschen mit spezifischen, gewünschten Eigenschaften zu erzeugen. Solche Ideen werden auf dem Hintergrund der geschichtlichen Erfahrung mit der nationalsozialistischen Eugenik in Europa zumeist abgelehnt. Zudem sind sie in vielen Ländern auch gesetzlich verboten. Einige (amerikanische) Forscher machen sich aber öffentlich Gedanken zur genetischen Verbesserung des Menschen.
Fragestellung: Völlig offen ist neben gentechnischen und medizinischen Problemen die Frage, welche Eigenschaften des Menschen «verbessert» werden sollten: Von der Augen- oder Haarfarbe bis zur psychischen Verfassung oder dem menschlichen Denken sind viele Möglichkeiten denkbar. Was ist ein wünschenswerter Mensch? Soll er intelligenter oder glücklicher oder kreativer sein? Oder leichter zufrieden zu stellen, angepasster, warmherziger, robuster oder sensibler? Würde mit solchen Eingriffen die Würde des Menschen verletzt? Und zudem: Welches wären die Folgen der Keimbahnintervention für die entsprechenden Individuen und ihre Nachkommen? Welches wären die Folgen für die entsprechende Gesellschaft?

4.1.3 Politische Ethik

Wichtigstes Thema der politischen Ethik ist, noch vor der Frage nach dem richtigen politischen Handeln, die Frage nach der Gestaltung gerechter politischer Institutionen. Wie hat eine gerechte politische Ordnung auszusehen, die das Verhältnis zwischen den Bürgern untereinander, das Verhältnis zwischen Staat und Bürger sowie die Beziehungen zwischen den Staaten regelt? Es gilt dabei zumindest zwei Bedeutungen des Wortes Gerechtigkeit zu unterscheiden:

- *Verteilungsgerechtigkeit:* Gerechtigkeit in der Verteilung von Macht, Einkommen und beschränkten Ressourcen. Die Kriterien, die der Verteilungsgerechtigkeit zugrunde liegen, sind häufig strittig: Chancengleichheit, Ausgangsgleichheit, Gleichheit als Resultat, Meritokratie (Verteilung nach persönlichem Verdienst) usw.
- *Gerechtigkeit als Fairness:* Gerechtigkeit im Umgang mit verschiedenen Weltanschauungen. Welcher Art muss die staatliche Ordnung sein, damit sie von allen vernünftigen, aber sich teilweise widersprechenden Weltanschauungen (und entsprechenden Wertvorstellungen) einer pluralistischen, modernen Gesellschaft annehmbar ist?

Aus der Vielzahl aktueller Probleme erwähnen wir folgende:

- *Geltung der Menschenrechte:* Der Anspruch der Menschenrechte ist universal. Wie lässt sich ihr Anspruch in Bezug auf andere Kulturen und Gesellschaften begründen?
- Zusammenhang von *Weltanschauungen und politischer Ordnung:* Erst seit dem 18. Jahrhundert ist in Europa die religiöse Konfession getrennt vom Bürgerrechtsstatus der Individuen. Inwiefern kann und soll der Staat weltanschaulich neutral sein? Die Frage stellt sich heute nicht mehr so sehr für ganze Religionen, sondern vielmehr bezüglich einzelner (moralischer) Fragen. Darf der Staat beispielsweise vorehelichen Sex verbieten? Und das Rauchen von Cannabis? Oder das reproduktive Klonen? Darf er bestimmte (moralische) Vorstellungen von Solidarität und gutem Leben durchsetzen, indem er Steuergelder für Sozialhilfe oder – umstrittener – Kulturhilfe eintreibt?
- *Liberalismus – Kommunitarismus:* Der Liberalismus denkt die politische Ordnung vom Individuum her. Dieses bestimmt, was der Staat tun und lassen darf. Der Staat hat vor allem die Aufgabe, die Freiheit des Einzelnen zu schützen. Der sogenannte Kommunitarismus betont demgegenüber die Verwurzelung individueller Lebensgestaltung im Gemeinschaftlichen und Politischen. In seiner Sicht ist die Beziehung zwischen Staat und Gesellschaft einerseits und den Einzelpersonen andererseits keine Einbahnstraße: Das Individuum gestaltet und prägt die Gesellschaft, ist aber auch in seiner Werthaltung und seinen Anschauungen von jenen geprägt. Folgerichtig tendieren Kommunitaristen dazu, dem Staat auch «erzieherische» Aufgaben zu übertragen.

> **Beispiel für eine politikethische Fragestellung:**
> **Forderungen nach Reparation für die Sklaverei (USA)**
> *Kurzbeschreibung:* Ein Verbot der Sklaverei trat in den USA 1863 in Kraft. Beinahe 140 Jahre später muss sich die US-amerikanische Justiz mit Reparationsforderungen schwarzer Kläger für das zu Zeiten der Sklaverei erlittene Unrecht ihrer Vorfahren auseinander setzen. Im März 2002 haben mehrere New Yorker Anwälte vor einem Bundesgericht in Brooklyn eine Sammelklage im Namen aller schwarzen Nachkommen der in die Vereinigten Staaten verschleppten Sklaven erhoben – rund 35 Millionen Menschen. Verklagt werden zunächst drei Firmen, denen vorgeworfen wird, dass ihre Vorgänger von Sklavenarbeit oder -handel profitiert haben.
> *Fragestellung:* Ist es gerecht, jemanden (in diesem Fall Unternehmen) für sehr weit zurückliegende Taten zu bestrafen? Ist es moralisch sinnvoll, die Vergangenheit aufzuarbeiten? Unter welchen Umständen darf man für Taten bestrafen, für die es noch kein positives Recht gab?

4.1.4 Wirtschaftsethik

Themen der Wirtschaftsethik sind die internationale oder nationale Wirtschaftsordnung, die Rolle von Unternehmen und Organisationen und schließlich das Verhalten von einzelnen Akteuren. Einer der zentralen Begriffe ist derjenige der Glaubwürdigkeit von Personen und Unternehmen.

Eine der wichtigen Frage lautet: In welchem Verhältnis stehen die wirtschaftliche Realität, die ökonomische Rationalität und die moralischen Prinzipien? In welchem Verhältnis *sollen* sie zueinander stehen? Diskutiert wird, ob primär Institutionen oder Individuen als Subjekte einer Wirtschaftsethik anzusprechen sind.

Aus der Vielzahl aktueller Probleme erwähnen wir folgende:

- *Implementierbarkeit:* Wie können wirtschaftsethische Normen und Ideale umgesetzt werden? Braucht es dazu den Zwang staatlicher Gesetze, oder sind freiwillige Vereinbarungen vorzuziehen? Geht man davon aus, dass Ethik keine Wettbewerbsnachteile mit sich bringen darf, dann muss sie über die Rahmenordnung implementiert werden.
- Ist die *ökonomische Rationalität* eigentlich neutral? Die Ökonomie selbst basiert ja auf gewissen normativen Annahmen, die von Ökonomen und Ökonominnen gerne ohne weitere Begründung als moralische Position übernommen werden. So wird vorausgesetzt, rational sei ein Verhalten, welches das Kosten-Nutzen-Verhältnis optimiert. Wo und wie wird diskutiert, ob diese Annahmen auch ethisch berechtigt sind?

- Als eines der zentralen Probleme kann das *Vertrauen in den Markt* gelten. Bei vielen gesellschaftlichen Problemen wird heute noch mehr Markt gefordert. Zwei Probleme stellen sich dabei: Einerseits entspricht dem Markt ein ganz bestimmter Typ rationalen Handelns (Optimieren von Kosten-Nutzen-Verhältnissen), der – zumindest auf den ersten Blick – nicht immer mit unseren Vorstellungen eines guten und gelingenden Lebens in Einklang gebracht werden kann. Andererseits gibt es neben «Staatsversagen» (das zum Ruf nach mehr Markt führt) eben auch «Marktversagen»: Der funktionierende Markt ist kein Naturzustand, sondern setzt hochkomplexe Regulierung und eine sorgfältige Pflege voraus. Zu fragen ist also nach den Voraussetzungen funktionierender Märkte und nach den ethisch geforderten Grenzen des in der Regel vertretenen Typs ökonomischer Rationalität.

Beispiel einer wirtschaftsethischen Fragestellung:
Steuerhinterziehung und Kapitalflucht deutscher Staatsbürger in die Schweiz
Kurzbeschreibung: Das schweizerische Bankkundengeheimnis dient unter anderem dem Persönlichkeitsschutz der Anleger. Aufgrund des Geldwäschereigesetzes und diverser Selbstverpflichtungen der Finanzintermediäre sind Geldwäscherei und Potentatengelder in der Schweiz kein ethisch offenes Problem mehr. Aber bezüglich Steuerhinterziehung sind (im Unterschied zu Deutschland) die Banken zu keiner Auskunft gegenüber den Behörden verpflichtet. Viele deutsche «Steuerflüchtlinge» haben darum – zum großen Ärger des deutschen Finanzministers – Bankkonten in der Schweiz.
Fragestellungen: Gibt es eine Steuerquote, welche die Steuerhinterziehung ethisch legitimiert? Ist es ethisch legitim, dass sich mobile Großvermögen Vorteile verschaffen, welche Kleinanleger nicht haben? Ist es ethisch legitim, mittels Steuerwettbewerb dem Finanzplatz Schweiz Vorteile zu verschaffen?

4.1.5 Umweltethik

Thema der Umweltethik ist das menschliche Handeln und seine Folgen an und in der nichtmenschlichen, natürlichen Umwelt. Zu den zentralen Fragen gehören folgende: Inwiefern sind natürliche Entitäten moralisch relevant? Welche natürlichen Entitäten haben einen moralischen Eigenwert? Im Anschluss an gängige Lehrbücher unterscheiden wir diesbezüglich folgende Grundpositionen:

- *Anthropozentrismus:* Die Natur hat keinen eigenen moralischen Wert. Relevant sind primär die sogenannten *basic needs* der Menschen (als Frage nach der ökonomisch-technischen Nutzung der Natur), aber auch deren nichtinstrumentell orientierte Bedürfnisse (z. B. ästhetische Interessen).
- *Pathozentrismus:* Als moralisches Kriterium gilt die Leidensfähigkeit (Nervensystem) von Lebewesen.
- *Biozentrismus:* Leben als solches hat gemäß dieser Positionen einen Eigenwert (egalitär oder abgestuft).
- *Ökozentrismus/Holismus:* Ganze Ökosysteme, aber auch generell nichtlebende Systeme wie etwa Flüsse, Landschaften, Berge sind um ihrer selbst willen zu respektieren.

Gerade im Bereich der Umweltethik scheint es uns sinnvoll, auf das Verbot des sogenannten naturalistischen Fehlschlusses hinzuweisen: Das Verbot besagt, dass Natur nicht als moralischer Maßstab fungieren darf. Was «natürlich» ist, kann sehr wohl moralisch verwerflich sein. Formal gesehen sind Schlüsse vom Sein aufs Sollen nicht erlaubt.

Aus der Vielzahl aktueller Probleme erwähnen wir folgende:

- *Naturideal:* Welche Natur wollen wir (angesichts der Dynamik natürlicher Systeme) schützen? Naturschutz – gerade auch der Schutz von Wildnis – ist paradoxerweise immer eine Kulturleistung.
- *Umweltdilemmata:* Oft sind sehr komplexe Güterabwägungen (vgl. etwa Atomkraftwerke vs. CO_2-Anstieg) zwischen unterschiedlichen Interessengruppen (Stakeholdern) nötig, um zu entscheiden, welche Handlungsoptionen besser (mit weniger Risiken behaftet) als andere sind.
- *Nachhaltigkeit und intergenerationelle Gerechtigkeit:* Unsere Nutzung von Ressourcen hat Folgen für nach uns kommende Generationen. Das Gebot der Fairness gebietet es, dass die heute Lebenden ihre Bedürfnisse so erfüllen, dass auch die nach uns Lebenden ihre Bedürfnisse erfüllen können. Wie soll die daraus abgeleitete Forderung nach Nachhaltigkeit konkret definiert werden?

Beispiel für eine umweltethische Fragestellung: Wölfe im Wallis
Kurzbeschreibung: Wölfe sind in der Schweiz geschützt, aber ausgestorben. Aufgrund des Populationsdrucks in Italien wandern gelegentlich junge männliche Tiere in der Schweiz (etwa im Wallis) ein. Es ist vorgekommen, dass diese dann mehrere Schafe aufs Mal gerissen haben, also mehr, als sie «brauchten». Obwohl ihnen die gerissenen Tiere vom Bund finanziell vergütet werden, halten einige Schafhalter angesichts dieser negativen Folgen den Wolfsschutz für nicht mehr vertretbar.
Fragestellungen: Welche moralischen Gründe sprechen dafür, den Wolf (weiterhin) zu schützen? Welche moralischen Rechte haben Schafhalter gegenüber den geschützten Wölfen? Was ist den Schafhaltern im Hinblick auf den gesetzlich verankerten Wolfsschutz zumutbar? Was ist der Gesellschaft der Wolfsschutz wert?

4.2 Ein Schema ethischer Urteilsfindung

Damit Sie sich in der Komplexität moderner ethischer Fragestellungen zurechtfinden, haben wir ein Schema ethischer Urteilsfindung zusammengestellt (siehe Seite 84). In vier Schritten, die keinesfalls sklavisch befolgt werden sollen, leitet es zu einem systematischen Umgang mit ethischen Fragestellungen an. Zu den Schritten gehören die Analyse des Ist-Zustandes, die Analyse der moralischen Prinzipien und Intuitionen, die Evaluation ausgehend vom *moral point of view* und schließlich die Frage nach der Implementierung.

In den folgenden beiden Abschnitten haben wir das Schema beispielhaft auf zwei Fälle angewandt. Diese Fallstudien beleuchten unterschiedliche Facetten moralischer Konflikte. Die Herausforderung des ersten Beispiels, das aus dem Bereich der Umweltethik stammt, ist die Komplexitätsreduktion: Viele Stakeholder müssen identifiziert, verschiedenste Interessen benannt und mehr oder weniger gewichtige moralische Prinzipien in eine vernünftige Reihenfolge gebracht werden. Die Schwierigkeit des zweiten Beispiels hingegen liegt darin, zwei grundlegende, aber konfligierende Werte gegeneinander abzuwägen. Hier, im Bereich der politischen Ethik, geht es vor allem darum, behutsam die Bedeutung von Grundwerten herauszuarbeiten und diese danach in eine Rangfolge zu bringen, die zumindest nachvollziehbar ist.

Lange waren wir versucht, die Fallstudien ohne abschließende Stellungnahme zu schreiben. Damit hätten wir unser Verständnis der Ethik als einer Reflexionshilfe, die jedoch nicht zum Schiedsrichter

Ein Schema ethischer Urteilsfindung

Erster Schritt: **Analyse des Ist-Zustands**	Sachlage	Kenntnisse der Sachlage sind unumgänglich (oft nicht vollständig möglich oder nur als «Wenn-dann»-Aussage).
	Interessen	Wer hat Interessen (beispielsweise ökonomischer oder politischer Art)? Welche? Sind diese den jeweiligen anderen Konfliktparteien bekannt?
	Konfliktfelder	Was genau ist eigentlich strittig? Es kann gut sein, dass in einem Fall mehrere Konflikte verpackt sind.
	Ordnungspolitischer Kontext	Welche Gesetze sind gegeben, welche Verpflichtungen müssen berücksichtigt werden?
	Sonstige Faktoren (versteckte oder offensichtliche)	Geschichtlicher Hintergrund, symbolische Bedeutung, gesellschaftliche Spannungen
Zweiter Schritt: **Analyse der moralischen Prinzipien und Intuitionen**	Diskutierte Handlungsoptionen	Welche Handlungsoptionen werden von den Parteien in die Diskussion eingebracht? Welche dieser Handlungsoptionen sind effektiv auf unterschiedliche moralische Positionen zurückzuführen?
	Moralische Prinzipien und Intuitionen	Welche werden explizit artikuliert? Gibt es «versteckte», implizite normative Hintergrundannahmen?
	Identifizierung der Positionen	Lassen sich die Argumente klassischen Positionen normativer Ethik zuteilen, deren Grenzen und Möglichkeiten wir kennen?
Dritter Schritt: **Evaluation ausgehend vom** *moral point of view*	Argumente für vertretbare moralische Positionen oder Optionen	Es lassen sich unter Umständen mehr als eine oder eventuell gar keine ethisch vertretbaren Positionen oder Optionen ausmachen.
	Güterabwägung	Man versucht eine Rangordnung der verschiedenen Güter herzustellen. Wo das nicht möglich ist, ist zwischen gleichwertigen Übeln und/oder Gütern eine Wahl zu treffen.
	Stellungnahme	Man empfiehlt (falls etwa von einem Auftraggeber so gewünscht) eine spezifische Handlungsoption.
Vierter Schritt: **Implementierung**	Implementierung	Kann die empfohlene Position oder Option überhaupt umgesetzt werden? Welcher Art sind die Hindernisse?
	Andere Perspektiven	Was ist aus Sicht des Rechts, der Psychologie, der Theologie und anderer Disziplinen zur Position zu sagen?
	Begleitende Maßnahmen	Mit welchen Maßnahmen symbolischer, wirtschaftlicher oder rechtlicher Art kann und soll die vorgeschlagene Position umgesetzt werden?

über das Gute und das Richtige werden kann, unterstrichen. Wenn wir nun doch Stellung beziehen, so mit keinem höheren Anspruch als eben diesem: dass wir damit – indem wir qualifizierte Zustimmung oder Widerspruch wecken – eine selbstständige und begründete Stellungnahme fördern.

Eine ethische Stellungnahme ist unumgänglich an eine diese Stellungnahme verantwortende Person und ihren politischen und wirtschaftlichen Kontext gebunden. Aus diesem Grund sind die folgenden Abschnitte die einzigen des Buches, welche die beiden Autoren individuell verantworten.

4.3 Erste Fallstudie: Abbruch von Dämmen im Snake River (Nordwesten der USA)[1]

Im Einzugsgebiet des Columbia River wurden im 20. Jahrhundert immer wieder Staudämme gebaut. Diese erlauben die Produktion von Elektrizität und die Bewässerung großer landwirtschaftlicher Nutzflächen. Sie verhindern jedoch die Wanderung bestimmter, sehr seltener und zudem geschützter Lachs- und Forellenarten. Diese Fische werden darum heute eingesammelt und in einem aufwendigen Management an den Dämmen vorbeitransportiert. Komplizierend kommt eine historische Dimension hinzu: In Verträgen aus dem Jahre 1855 hat die US-Regierung das Land (heute Oregon, Idaho und Washington) von zwölf Indianerstämmen übernommen und ihnen im Gegenzug immerwährende («solange die Sonne auf- und untergeht») Fischereirechte respektive ihre vom Fischfang abhängige Ökonomie garantiert.

Die gegenwärtigen Kosten für Entschädigungen an Indianer, Subventionen der Stromproduktion und der Schifffahrt sowie des Lachsschutzes sind immens.

Die Frage, die Ende der 90er Jahre des 20. Jahrhunderts diskutiert wurde, lautet: Sollen die Dämme in einem der Seitenflüsse des Columbia River, dem Snake River, abgerissen werden oder nicht? Material zu dieser Auseinandersetzung lässt sich primär im Internet finden. Es handelt sich dabei geradezu um eine Datenflut, aus der ich nur die wichtigsten Aspekte, zum Teil stark vereinfachend, herausgreife.

---

1 Fallstudie von Markus Huppenbauer

**4.3.1
Erster Schritt:
Analyse des
Ist-Zustands**

Erstellen Sie aufgrund Ihrer Internetrecherchen zu Stichworten wie «Snake River», «Salmon», eine Liste derjenigen Interessenvertreter (englisch *stakeholder*), von denen Sie der Ansicht sind, diese seien für die Situation relevant. Benennen Sie deren Interessen und identifizieren Sie deren Haltung gegenüber dem Problem. Sie können Ihre Analyse etwa über die Suchmaschine *Google* starten oder eine informative Website wie http://www.cbr.washington.edu/webgrp.html als ihren Ausgangspunkt wählen.

Eine Auswertung der zugänglichen Websites ergab im Jahr 2001 folgende Liste von Interessenvertretern:

Wer (Stakeholder)	Interessen	pro/contra
1. Organisation der Steuerzahler	Minimierung öffentlicher Steuern	pro
2. Elektrizitätsgesellschaften	Wertschöpfung/Gewinn	contra
3. Indianerstämme	Lebensstil/Einhaltung alter Verträge	pro
4. Naturschützer/Wissenschaftler	Schutz der Lachse/Fische (Laichwege usw.)	pro
5. Diverse regionale Gruppen/innerstaatliche Behörden	Arbeitsplätze/Einkommen/Subventionen: Es handelt sich dabei um Angestellte der Energieproduzenten (Interesse: Lohn), Bauern (Interesse: Bewässerung) und die Schifffahrt (Interesse: staatliche Subventionen).	contra
6. Regionale/überregionale Gruppen	(subventionierte) Stromproduktion	contra
7. Fischer/Tourismus	Nachhaltiger Fischfang	pro
8. Regierung(en)	Divergent	schwankend

Es lassen sich meines Erachtens die folgenden Argumente der Stakeholder für den Abbruch der Dämme finden:

- *Minderheitenargument (Pro 1):* Der Lebensstil mitsamt der dazugehörigen symbolischen Kultur der Indianer (und zugleich das Einhalten alter Verträge) steht auf dem Spiel.

- *Argument für den Eigenwert des Lachses (Pro 2)* im Sinne des Artenschutzes: Der Schutz der seltenen Lachsarten (auch bestimmter Forellen) ist naturethisch geboten.
- *Rentabilitätsargument (Pro 3):* Der Abbruch der Dämme ist billiger als technischer Lachsschutz, Zahlungen an Indianer (eventuell kostspielige Prozesse!) und Subventionen für Transport und Energie.
- *Gerechtigkeitsargument (Pro 4):* Die Dämme verursachen Kosten für Nichtbetroffene bzw. nationale Steuerzahler (Subvention des Stromes, der Schifffahrt und Kosten für den Fischschutz).
- *Rechtliches Argument (Pro 5):*
  a. Die Verträge aus dem 19. Jahrhundert gegenüber Indianern müssen eingehalten werden;
  b. der *Endangered Species Act* (ESA) hat die Lachse unter Schutz gestellt;
  c. der *Clean Water Act* kommt zur Anwendung, weil das gestaute Wasser häufig eine schlechte Qualität hat.
- *Religiöses Argument (Pro 6):* Der Schöpfer hat *care of the resources* angeordnet. Diesem Bewahrungsauftrag nicht zu entsprechen, das hätte negative Folgen auch für die Menschen.
- *Reversibilitätsargument (Pro 7):* Notfalls könnten die Dämme wieder aufgebaut werden.

Gegen den Abbruch der Dämme spricht:

- *Beschäftigungsargument (Contra 1):* Der Abbruch hätte den Jobverlust für viele Menschen (Angestellte, Bauern usw.) zur Folge.
- *Versorgungsargument (Contra 2):* Ohne Dämme könnte weniger Elektrizität produziert werden. Das gäbe Versorgungsengpässe in der Großregion (insbesondere für Kalifornien) mit steigenden Preisen.
- *Klimaschutzargument (Contra 3):* Der Abbruch hätte den Bau von thermischen Kraftwerken zur Folge, womit man sich – was kontraintuitiv wäre – die CO_2-Problematik eingehandelt hätte.
- *Religiöses Argument (Contra 4):* Der Mensch ist die Krone der Schöpfung, und Tiere, wie die hier zur Debatte stehenden Lachse, sind ihm zur Herrschaft übergeben.

4.3.2 Zweiter Schritt: Analyse der moralischen Prinzipien und Intuitionen

Bestimmen Sie, welches moralisch relevante Argumente sind, und scheiden Sie nichtmoralische Argumente aus. Formulieren Sie die Ihrer Ansicht nach wichtigsten moralischen Konflikte.

- Die Contra-Argumente rekurrieren (außer Contra 4) auf negative Folgen für Ökonomie, Gesellschaft und Klima. Es handelt sich also primär um konsequenzialistische Argumente.
- Die Contra-Argumente sind primär anthropozentrisch. Die Pro-Argumente mischen anthropozentrische (teilweise ökonomische) und biozentrische Aspekte.
- Pro 1 (Minderheiten) und 2 (Eigenwert) argumentieren deontologisch: Behauptet wird der Eigenwert einer indigenen Kultur und der Eigenwert der Lachse (biozentrisch).
- Pro 6 (religiös), aber auch Contra 4 berufen sich auf Gott als Instanz.
- Pro 4 (Gerechtigkeit) ist ein klassisches sozialethisches Gerechtigkeitsargument.
- Pro 5 (rechtlich) ist nur in einem rechtsstaatlichen Kontext möglich.

Als nicht-(direkt-)moralische Argumente scheide ich aus:

- *Rentabilitätsargument (Pro 3):* Pro 3 muss (wenn das überhaupt machbar ist) mit Contra 1 und Contra 2 aufgerechnet werden. Wer Recht hat, ist Sache einer Kosten-Nutzen-Analyse, die zumindest auf den ersten Blick kein moralisches Problem darstellt. Erst indirekt entsteht ein moralisches Problem bei der Frage, wer die Folgen (Kosten) von allfälligen Entscheiden zu tragen hat (vgl. Pro 4).
- *Versorgungsargument (Contra 2):* Ob Contra 2 ein gutes Argument ist, muss durch eine empirische Evaluation der entsprechenden Daten/Szenarien eruiert werden.

Zentral scheinen mir die folgenden moralischen Konflikte und die ihnen entsprechenden strittigen Fragen:

- *Konflikt 1:* Den *basic needs* und dem Lebensstil der an den Elektrizitätswerken Interessierten (Share- und Stakeholder, vor allem Beschäftigte, dann auch Bauern, die von Bewässerungen abhängig sind) steht der traditionelle Lebensstil der Indianer gegenüber. Die Hauptfrage lautet:
Welchen moralischen Stellenwert hat der postulierte traditionale Lebensstil der Indianer?

- *Konflikt 2:* Den *basic needs* und dem Lebensstil der an den Elektrizitätswerken Interessierten (Share- und Stakeholder, vor allem Beschäftigte, dann auch Bauern, die von Bewässerungen abhängig sind) steht der Eigenwert der Lachse gegenüber:
  Welchen moralischen Stellenwert haben die gefährdeten Fischpopulationen und -wanderungen?

4.3.3 Dritter Schritt: Evaluation ausgehend vom moral point of view

Untersuchen Sie nun einzeln die vorgebrachten Argumente, die immer noch «im Rennen sind».

Evaluation der Pro-Argumente:

- *Minderheitenargument (Pro 1):* Die *basic needs* der Indianer sind nicht unmittelbar betroffen, denn sie erhalten hohe Entschädigungen für die entgangenen Lachse und haben die Fischerei eingestellt (vgl. Konflikt 1). Zu fragen ist allerdings, ob unter diesen Bedingungen die Forderung nach Aufrechterhalten des traditionellen Lebensstils nicht bloß Folklore ist.
- *Eigenwertargument (Pro 2):* Das Effizienzargument der Contras besagt, dass der Dammabbruch nicht reicht, um die Lachse nachhaltig zu schützen, respektive die Lachse könnten auch bei bestehenden Dämmen mit geeigneten Maßnahmen effizient geschützt werden. Viele Wissenschaftler sind anderer Meinung. Die biozentrische Argumentation scheint jedenfalls nicht nötig, wenn die Kosten für den Fischschutz unter Beibehaltung der Dämme so hoch sind (vgl. Konflikt 2).
- *Gerechtigkeitsargument (Pro 4):* Falls wir diesem Argument zustimmen, wäre eine Abwälzung der Kosten (Zahlungen an Indianer, Kosten für Erhalt der Fische) auf die Profiteure (beispielsweise Bauern und Stromkonsumenten) im Sinne der Fairness geboten. Jedenfalls ist hier Kostentransparenz zu schaffen.
- *Rechtliches Argument (Pro 5):* Welches sind die Folgen des klaren Missachtens und Aushebelns von positivem Recht und gültigen Verträgen? Wann lägen Umstände vor, die das erlauben würden?
- *Religiöses Argument (Pro 6):* Auch wenn der Rekurs auf eine religiöse Instanz gut gemeint ist, ist fraglich, ob das Argument in einer politisch liberalen und pluralistischen Gesellschaft moralisch wirklich relevant sein kann.
- *Reversibilitätsargument (Pro 7):* Reversibilität gilt zwar in der Regel als ökologisch gutes Argument. Fraglich könnte aber sein, ob schließlich nicht die gesamten Kosten zu hoch wären, um die Dämme wieder aufzubauen.

Evaluation der Contra-Argumente:

- *Beschäftigungsargument (Contra 1):* Sind diese Folgen wirklich zu erwarten (vgl. Konflikt 1)? Es wird argumentiert, dass nach Abbruch neue Jobs im Bereich der Fischereiwirtschaft (und Tourismus) entstehen würden. Falls doch negative Folgen zu erwarten wären, müsste man diese mit den möglichen Folgen von Pro 1 aufrechnen. Allerdings ist die Frage nach den Jobs nicht nur eine ökonomische, sondern auch moralische Frage von persönlichen Identitäten und sozialen Rollen oder Netzwerken. Das heißt, es sind nicht nur ökonomische, sondern auch moralische Fragen zu berücksichtigen.
- *Klimaschutzargument (Contra 3):* Ist die Wahl zwischen Wasserkraftwerken und thermischen Kraftwerken moralisch wirklich sinnvoll? Eventuell könnten andere Maßnahmen wie etwa Stromsparprogramme die negativen Folgen eindämmen.
- *Religiöses Argument (Contra 4):* Die *let's go west*-Theologie ist in wissenschaftlichen Kontexten schon lange als falsche Interpretation der biblischen Texte befunden worden. Zudem liegen mit Pro 6 und Contra 4 zwei unterschiedliche Interpretationen der biblischen Schöpfungsaussagen vor, die es nahe legen, auf diese religiösen Argumente in diesem Zusammenhang zu verzichten.

Fazit und Stellungnahme:

- Ich gehe einfachheitshalber davon aus, dass Pro und Contra Dammabbruch die einzigen Handlungsoptionen sind. Denkbar wären vielleicht Zwischenstufen (nur teilweiser Abbruch, Schleusen für die Fische usw.), deren technische Realisierbarkeit aber in Machbarkeitsstudien eigens geklärt werden müsste.
- Mir persönlich scheint im Falle des Konflikts 1 (Pro 1 vs. Contra 1) eine moralisch nicht entscheidbare Situation vorzuliegen. Allein mit konsequenzialistischen (also primär ökonomischen) Argumenten kommt man nicht weiter, ohne die eine oder andere Gruppe moralisch nicht zu respektieren. Wenn ich doch im Sinne einer Verantwortungsethik eine Güterabwägung machen und damit eben die negativen Folgen in Kauf nehmen müsste, würde ich die Bedürfnisse und Interessen der von den Kraftwerken Abhängigen etwas höher gewichten als die der Indianer. Diese werden ihre *basic needs* nie mehr im Sinne der Tradition abdecken können. Die Frage stellt sich, ob das schon reicht, um eine Contra-Position zu vertreten. Sozialethisch problematisch sind ja die möglichen, sehr hohen Kosten, die aufgrund von Prozessen und

Entschädigungen gegenüber den Indianern für die Allgemeinheit entstehen könnten.
- Pro 4 ist sozialethisch eindeutig: Kostenwahrheit und -gerechtigkeit könnte ein Argument für den Abbruch sein.
- Stromsparprogramme könnten die Situation am Strommarkt (falls Contra 2 doch relevant sein sollte) entschärfen und würden einen Abbruch eher erlauben.
- Der Konflikt 2 (damit die Frage des Biozentrismus) scheint in dieser Situation nicht relevant zu sein.
- Das Nichteinhalten von Verträgen und Gesetzen (Pro 5) hat negative Folgen, das heißt erodiert das Vertrauen in das Recht.
- Pro 6 und Contra 4 mögen zwar eine starke motivierende Kraft haben, lassen sich aber im liberalen Kontext nicht entscheiden.

Fazit: Pro 4 und Pro 5 scheinen bei dieser Analyse kaum widerlegt werden zu können. Ich neige darum dazu, den Abbruch der Dämme trotz der Folgen für die Arbeitnehmenden leicht zu favorisieren.

Diese Fallstudie macht deutlich, wie stark viele der Probleme angewandter Ethik von empirischen Daten, Modellen und Prognosen abhängen. Ohne deren Kenntnis sind ethische Reflexionen häufig kaum mehr vertretbar.

4.3.4 Vierter Schritt: Stand der Dinge und Implementierung seit 2001

- Die Regierung Clinton spricht sich im Dezember 2000 gegen den Abbruch der Dämme aus und leitet eine Reihe von Maßnahmen ein, die den Lachs schützen sollten: Mindestwassermengen, Aufzucht von Junglachsen, Abbruch von Uferdeichen (ermöglicht neue Laichplätze) usw. Falls diese Maßnahmen binnen drei bis acht Jahren nichts nützen sollten, würde ein Abbruch der vier Dämme wieder in Erwägung gezogen.
- Die Administration Bush (ab 2001) ist prinzipiell gegen den Abbruch der Dämme.
- Im April 2001 ruft die regionale Energiebehörde aufgrund des geringen Wasserstandes und der Energieknappheit im Westen der USA den Energienotstand aus: Der *Endangerd Species Act* (ESA), auf dessen Grundlage eine bestimmte Mindestwassermenge garantiert wäre, kann so ausgehebelt werden. Allerdings wird im Mai 2001 während drei Wochen doch wieder Wasser über die Dämme geleitet.

- Im Mai 2001 wird mit Bezug auf ein weiteres bestehendes Gesetz (den *Clean Water Act*) erneut der Abbruch der Dämme gefordert.
- Im August (Forellen) und im Oktober (Lachse) 2001 werden so starke Fischzüge wie schon lange nicht mehr gemeldet.
- Im Dezember 2001 schlägt das *U.S. Army Corps of Engineers* ein neues Management des Wasserüberflusses über die Dämme vor und zusätzliche Anpassungen des jetzt schon vorhandenen «technischen» Fischschutzes. Damit kann dem rechtlichen Argument (Pro 5 b und c) besser Rechnung getragen werden: Die jungen Fische verenden bei ihrem Zug flussabwärts ins Meer nicht mehr im warmen und schmutzigen Wasser vor den Staumauern.
- Im Januar 2002 schlägt das *Northwest Power Planning Council* ein neues Energiemanagement in der Region vor, durch das die Stromerzeugung eines der Kraftwerke eingespart werden könnte. Auch die größte Elektrizitätsgesellschaft (Portland General Electric) setzt nun auf *conservation programs*. Damit wird das Versorgungsschutzargument (Contra 2) geschwächt.
- Am 4. September 2002 publiziert die konservative *Rand Corporation* eine Studie, nach der ein Abbruch der Dämme keine negativen ökonomischen Folgen für die Region nach sich ziehen würde. Im Gegenteil, es sei sogar mit neuen Jobs zu rechnen. Damit wird das Beschäftigungsargument (Contra 1) geschwächt.
- Am 24. Oktober 2002 vereinbaren der Gouverneur von Oregon und die Präsidentin der *Portland General Electric* vertraglich, dass im Sandy River Basin (einem weiteren Fluss im Columbia-River-Becken) zwei (noch intakte) Dämme entfernt werden sollen. Es wird erwartet, dass dieser Entscheid Auswirkungen auch auf die Diskussion am Snake River hat.

4.4 Zweite Fallstudie: Das Verbot ritueller Schlachtung als Problem der politischen Ethik[1]

Im Alten Testament und im Koran wird der Konsum von Blut verboten, da dieses als Sitz der Seele gilt. Um diesem Verbot nachzukommen, entwickelten sich im Judentum und im Islam rituelle Schlachtmethoden mit teilweise äußerst strikten und detaillierten Vorschriften (sogenanntes Schächten). Dabei wird dem unbetäubten Schlachttier die Kehle durchgeschnitten, so dass das Blut austreten

---

1 Fallstudie von Jörg De Bernardi

4.4 Zweite Fallstudie: Das Verbot ritueller Schlachtung als Problem der politischen Ethik

kann. Ein Teil des so geschlachteten Tieres kommt als sogenanntes koscheres Fleisch (Juden) oder als Halalfleisch (Muslime) auf den Markt. In der Schweiz haben die Stimmenden 1893 – gegen den Antrag von Bundesrat und Parlament – ein ausnahmsloses Verbot des Schlachtens ohne Betäubung eingeführt. Die Versorgung der Religionsgemeinschaften mit rituell geschlachtetem Fleisch wird zurzeit mit Importen sichergestellt. Im Rahmen der Revision des Tierschutzgesetzes sah der Bundesrat im Herbst 2001 vor, das absolute Betäubungsgebot im Sinne einer Ausnahmeregelung zu Gunsten des rituellen Schlachtens zu lockern. Die Vorlage des Bundesrates weckte vor allem wegen dieses Passus schon während der Vernehmlassung das Interesse der Öffentlichkeit und stieß auf zum Teil heftigen Widerstand.

Empfehlenswert zu den (rechts)ethischen Konflikten einer pluralistischen Gesellschaft ist Walter Kälin, *Grundrechte im Kulturkonflikt: Freiheit und Gleichheit in der Einwanderungsgesellschaft*.

Die Thematik dieser Fallstudie ist typisch für Konflikte, die beim Aufeinanderprallen von inkompatiblen Grundwerten in einer pluralistischen Gesellschaft entstehen.

4.4.1 Erster Schritt: Analyse des Ist-Zustands

- *Umstrittene Sachlage:* Umstritten ist, wie lange die Tiere beim Schächten Schmerzen haben. Es bestehen widersprüchliche Angaben dazu, wie lange nach dem Schnitt noch Schmerzempfinden vorhanden ist. Die Zeitangaben variieren von wenigen Sekunden bis zu einer Minute.
- *Interessen:* Der Markt von koscherem Fleisch und Halalfleisch ist vergleichsweise klein. Es ist vernünftig, bei der ethischen Analyse von der Annahme auszugehen, dass keine wirtschaftlichen Interessen im Spiel sind. Es handelt sich um einen «reinen» Wertekonflikt.
- *Religionsfreiheit vs. Tierschutz (Konflikt 1):* Soll für rituelle Schlachtungen eine Ausnahme von der allgemeinen Betäubungspflicht gemacht werden? Einen Konflikt gibt es zwischen den Werten der Religionsfreiheit sowie des Tierschutzes. Ich werde im dritten Schritt der Analyse die präzisere Bedeutung dieser Werte erörtern.
- *Ungewollter Konsum von Fleisch aus ritueller Schlachtung (Konflikt 2):* Auch bei einer korrekten Durchführung des rituellen Schlachtens gilt wegen weiterer religiöser Vorschriften nicht das ganze Tier als koscher beziehungsweise halal. Dürfen diese Teile undeklariert auf den Markt kommen, wo sie unter Umständen ungewollt von Gegnern des betäubungslosen Schlachtens konsumiert werden?

- *Verbot und trotzdem Import (Konflikt 3):* Es wird als stoßend, ja heuchlerisch empfunden, das rituelle Schlachten selbst zu verbieten, den Import von Fleisch aus solcher Praxis jedoch zuzulassen. Soll, falls das Verbot des rituellen Schlachtens nicht gelockert wird, der Import von Fleisch aus ritueller Schlachtung weiterhin zugelassen werden?

Konflikt 2 ist gegenwärtig mehr theoretischer als praktischer Natur. Da er aber nicht uninteressant ist, werde ich am Schluss der Fallstudie (siehe Abschnitt 4.3.3, Abschnitt e) zumindest die Grundlinien einer Analyse aufzeigen.

Konflikt 3 steht in der Debatte eher im Hintergrund. Zudem müsste eine Stellungnahme auf ganz andere Werte und Analysen zurückgreifen, als dies für die Konflikte 1 und 2 notwendig ist. Ich werde ihn darum nicht thematisieren.

Hintergrund:

- *Ordnungspolitik:*
    - Artikel 20, Absatz 1 des Tierschutzgesetzes vom 9. März 1978 verbietet das rituelle Schlachten.
    - Schutz der Glaubens-, Gewissens- und Kultusfreiheit (u.a. Artikel 15 der Bundesverfassung).
- *Antisemitismus als historischer Hintergrund:* Das Schächtverbot wurde 1893 mit unüberhörbarem antisemitischem Begleitgeräusch eingeführt. Die Debatte kann auch zum gegenwärtigen Zeitpunkt nicht geführt werden, ohne dass der Verdacht des Antisemitismus entsteht. Dies gilt für beide Seiten («Meint die andere, dass ich meine, sie sei antisemitisch?» usw.).
- *Allgemeine Religionsfeindlichkeit:* Zumindest bei einem Teil der Gegner einer Lockerung des Schächtverbotes schwingen aufklärerische Töne mit. Die Debatte nimmt eine grundsätzliche, weltanschauliche Dimension an. Sie wird inszeniert als ein Ringen zwischen der aufgeklärten Vernunft und den versklavenden und abergläubischen Kräften der Religion. Dies ist darum relevant, weil die implizite, negative Wertung von Religion ganz allgemein bei der Güterabwägung mit ins Gewicht fallen dürfte.
- *Internationales Umfeld:* Eine Bestätigung oder gar Verschärfung des Schächtverbotes dürfte dem seit der Debatte um die «Schatten des Zweiten Weltkrieges» bereits lädierten Image der Schweiz im Ausland (besonders in den USA) schädlich sein. In den meisten westlichen Rechtsstaaten gilt in der Tierschutzgesetzgebung eine Ausnahmeregelung zu Gunsten des rituellen Schlachtens.

4.4.2
Zweiter Schritt: Analyse der moralischen Prinzipien und Intuitionen

Es werden folgende Handlungsoptionen diskutiert:

- *Keine Änderung (Handlungsoption 1):* Verbot des betäubungsfreien Schlachtens. Im Tierschutzgesetz werden keine Ausnahmen vorgesehen. Koscheres respektive Halalfleisch wird weiterhin importiert.
- *Rituelles Schlachten mit Betäubung (Handlungsoption 2):* Zumindest ein Teil der muslimischen Religionsgemeinschaften scheint bereit zu sein, gewisse Formen der Betäubung vor dem Schnitt zuzulassen. Aus jüdischer Sicht werden offenbar einer Betäubung mit Elektroschock (allenfalls gleich *nach* dem Schnitt) keine prinzipiellen, sondern «nur» praktische Gründe entgegengesetzt.
- *Maßnahmen zur Verminderung von Schmerzen und Stress (Handlungsoption 3):* Eine lokale Anästhesie und technische Verbesserungen des für den Schnitt erforderlichen Umlegens der Tiere können zur Verminderung von Schmerzen und Angst beitragen.
- *Verzicht auf Fleischkonsum und Schlachten (Handlungsoption 4):* Es gibt keine Pflicht zum Schlachten oder zum Fleischkonsum, weder im Judentum noch im Islam.

Identifizierung von moralischen Positionen:

- Pathozentrismus: Die Bemühung, unnötiges Leiden (u. a. Schmerz und Stress) auch bei Tieren zu vermeiden, ist als Pathozentrismus zu identifizieren.
- Prinzipien- und Tugendethik: Im Vordergrund stehen konfligierende Prinzipien, also Handlungsanweisungen. Dies ist nicht zuletzt darum der Fall, weil es sich um die Formulierung eines Gesetzes handelt, das wesensgemäß Handlungsnormen vorgibt. Vor allem in den Texten jüdischer Autoren werden jedoch auch tugendethische Argumente artikuliert. Sie heben den Wert der inneren Haltung hervor, mit der das Schlachten vollzogen wird. Im Gegensatz zum kalten, industriellen Töten werde im Ritus des religiösen Schlachtens Achtung für das Leben (Blut) sowie Dankbarkeit und Demut vor dem Schöpfer zum Ausdruck gebracht. Auch die strikten Vorschriften in der Ausbildung der «Schochet» (Metzger) zeuge von dieser achtungsvollen Haltung. Dem gelte es in der Güterabwägung Rechnung zu tragen.

4.4.3 Dritter Schritt: Evaluation ausgehend vom *moral point of view*

(a) Spannungsfeld der vertretbaren Positionen

Beide Lager anerkennen die beiden im Konflikt stehenden Werte der Religionsfreiheit sowie des Tierschutzes grundsätzlich. Auch ein Befürworter des rituellen Schlachtens wird beispielsweise das Quälen einer Katze aus reinem Spaß als ethisch verwerflich betrachten. Und auch ein radikaler Tierschützer kann prinzipiell für die Glaubensfreiheit sein.

Es sind allerdings auch Positionen denkbar, die ganz außerhalb des benannten Spannungsfeldes liegen. Auf der einen Seite würde beispielsweise ein instrumenteller Anthropozentrismus die These vertreten, dass «die Natur» – und damit die Tiere – ohne Einschränkung zur freien Verfügung der Menschen stehen. Auf der anderen Seite kann man sich einen radikalen Pathozentrismus vorstellen: Als (einziges) Kriterium moralisch richtigen Handelns dient ihm eine utilitaristisch anmutende Addition des Leidens aller von einer Handlung betroffenen leidensfähigen Wesen, ohne Rücksicht auf andere Werte. Aus der Sicht dieser beiden extremen Positionen gibt es gar keinen moralischen Konflikt.

Im gegebenen Fall werde ich die beiden Werte des Tierschutzes und der Religionsfreiheit in eine relative Rangfolge bringen müssen. Wie gehe ich dazu vor? Es gilt erstens etwas Abstand von den Werten zu nehmen. Dies tue ich, indem ich die Bedeutung dieser Werte erörtere (Abschnitt b und c). Ich versuche dabei, einen Sinn für das «relative Gewicht» derselben zu gewinnen, indem ich sie in Konflikt mit anderen Gütern bringe. In einem zweiten Schritt vergleiche ich die Werte des Tierschutzes und der Religionsfreiheit direkt miteinander. Dank der vorangegangenen Klärung ihrer Bedeutung und ihres «relativen Gewichtes» ist dieser Vergleich nun nicht mehr auf abstrakter Ebene angesiedelt, sondern erlaubt eine konkrete Stellungnahme (Abschnitt d). In einem vierten Schritt nehme ich kurz zu Konflikt 2 (Ungewollter Konsum von Fleisch aus ritueller Schlachtung) Stellung (Abschnitt e). Abschließend referiere ich den aktuellen Stand der Dinge (Abschnitt f).

(b) Die Bedeutung der Religionsfreiheit

Es gibt Überzeugungen und (symbolische) Praktiken, die für Menschen von grundlegender Bedeutung sind. «Grundlegend» meint hier: Es handelt sich um Bedingungen einer persönlichen oder sozialen Lebensform, die nicht zur Disposition stehen. Diese Überzeugungen und Praktiken bilden vielmehr im Erleben der betroffenen Person überhaupt erst den Rahmen ihres Selbstverständnisses und ihrer Identität.

Es braucht einen über das allgemeine Recht auf Freiheit hinausgehenden Schutz der Religionsfreiheit darum, weil (1) für unterschiedliche Menschen unterschiedliche Überzeugungen und Praktiken diese grundlegende Bedeutung haben und weil (2) es bis anhin nicht gelungen ist, überzeugende Kriterien zur Bewertung dieser Überzeugungen und Praktiken von neutraler Warte aus zu formulieren.

Die Religionsfreiheit kann positiver (das Recht, einer bestimmten Religion anzugehören) wie negativer (Schutz vor Zwang, an religiösen Aktivitäten teilzunehmen) Art sein. Bezogen auf die eingangs angesprochenen Konflikte: In Konflikt 1 (Religionsfreiheit vs. Tierschutz) wird das positive, in Konflikt 2 (ungewollter Konsum von Fleisch aus ritueller Schlachtung) das negative Recht auf Religionsfreiheit eingefordert. Die Religionsfreiheit umfasst sowohl die Glaubens- wie auch die Ritusfreiheit, wobei Letztere eher mit anderen Grundwerten in Konflikt geraten und darum unter Umständen eingeschränkt werden kann.

- Bemerkung 1: Gegner des betäubungslosen Schlachtens argumentieren, dass eine präzisere Auslegung der heiligen Texte durch (weniger orthodoxe) Vertreter der betroffenen Religionsgemeinschaften zum Resultat komme, das betäubungslose Schlachten in der umstrittenen Form sei gar nicht erforderlich. Letzteres falle darum nicht unter der Schutz der Religionsfreiheit. Diese Argumentation scheitert an der Tatsache, dass es keine neutrale Warte gibt, von der aus bestimmt werden kann, welche Auslegung oder Handlungsanweisung vom religiösen Standpunkt aus «richtig» ist. Was zu einer Religion gehört, müssen die Anhänger der Religion selbst beschließen dürfen. Das Problem sollte nicht vorschnell «wegdefiniert» werden.

Viele Menschen im Westen gehören keiner Religionsgemeinschaft an und haben darum kein unmittelbares Interesse an der positiven Religionsfreiheit. Eine Schwierigkeit dieser Fallstudie besteht denn auch darin, die Bedeutung der Religionsfreiheit einsichtig zu machen. «Religion» steht für das, was in meinem Selbstverständnis den Wert und den Sinn meines Seins ausmacht.

Darum gilt, dass Eingriffe in die Religionsfreiheit zu den schwerwiegendsten überhaupt zählen. Dieser ethischen Einschätzung entspricht die Lehre und die Praxis moderner Rechtsstaaten. Das Recht auf Religionsfreiheit wird als ein wichtiges Grundrecht angesehen. Dessen Beschränkung wird nur dann zugestanden, wenn die öffentliche Sicherheit, der Konflikt mit anderen Grundrechten oder ein

Verstoß gegen die Sittlichkeit es rechtfertigen. Diese Kriterien werden von den Verfassungsgerichten äußerst restriktiv ausgelegt.

(c) Zur Bedeutung des Tierschutzes

Es besteht ein weitgehender Konsens darüber, dass unnötiges Leiden von Tieren zu vermeiden ist. Gemäß diesem Pathozentrismus gibt es keinen vernünftigen Grund, Tieren keinen Anspruch auf Schutz vor Leiden zuzugestehen. Leiden ist in dieser Sicht eine Empfindung, deren normative Bewertung im Empfinden selbst liegt und somit von bewusster Wertung (wie sie Tiere wohl kaum haben) unabhängig ist. Tiere zeigen körperliche Reaktionen, die wir – in Analogie zu den Menschen – bis zum Beweis des Gegenteils als Ausdrucksformen von oder Reaktionen auf «Leiden» deuten. Es ist darum nicht unvernünftig, die der Norm «Schutz vor unnötigem Leiden» zugrunde liegende Eigenschaft, die Leidensfähigkeit, bei den Tieren in gleichem Ausmaß als gegeben vorauszusetzen wie bei Menschen, so dass eine Beschränkung des Schutzes vor Leiden auf Menschen – nur weil sie Menschen sind – willkürlich erscheint. In Analogie zum Rassismusvorwurf erhebt man hier den Vorwurf des sogenannten Speziesismus.

Auch hier möchte ich mit ein paar Bemerkungen die Brücke zu unserer Fallstudie herstellen:

- Bemerkung 2: Diese Argumentation basiert auf der meines Erachtens plausiblen Einschätzung, dass der moralische Wert von gewissen Empfindungen diesen eigen ist und nicht erst nachträglich durch ein wertendes Bewusstsein an sie herangetragen wird. Es gibt neben dem Schmerz andere solchermaßen moralisch relevante Empfindungen. Im gegebenen Fall sei vor allem an den Stress der Tiere beim Transport und in den Momenten vor dem Schlachten (sowohl beim «traditionellen» wie beim rituellen Schlachten) gedacht. Vieles spricht dafür, dass diese Angst als mindestens ebenso große Beeinträchtigung der Lebensqualität der Tiere einzuschätzen ist wie der Schmerz beim Schächten.
- Bemerkung 3: Uns Menschen ist der Schmerz und die Angst nicht einfach eine Tatsache. Wir haben die Möglichkeit, sie zu interpretieren und in einen breiteren Kontext zu setzen (darum nehmen wir bei einem Zahnarztbesuch Schmerzen und Angst freiwillig in Kauf). «Leiden» ist in diesem Sinne in hohem Maß deutungsabhängig. Wir wissen nicht, wie Tiere Schmerz und Stress empfinden. Tiere und ihr Empfinden sind und bleiben uns weitgehend fremd: Entsprechend vorsichtig sollten wir verfahren, wenn wir – wie das der Pathozentrismus zur Begründung seiner Position

machen muss – menschliche Erfahrungen per Analogie auf Tiere ausdehnen.
- Bemerkung 4: Aus Bemerkung 2 und Bemerkung 3 folgere ich, dass die umstrittene Sachfrage (leidet das Tier beim Schächten mehr als beim Schlachten nach Betäubung?) wahrscheinlich weniger relevant ist, als sie auf den ersten Blick scheint. Bei *beiden* Schlachtmethoden leidet das Tier wohl erheblich. Es ist wahrscheinlich, dass das Tier beim Schächten etwas mehr leidet als beim traditionellen Schlachten (so meine «Wenn-dann»-Annahme für diese Stellungnahme). Aber dieses Mehr muss relativiert werden.

Das Gewicht des Tierschutzes ist relativ. Der hier untersuchte Wert des Tierschutzes verlangt nicht, dass den Tieren *nie* Leiden zugefügt werden dürfe. Er verlangt *nur,* dass den Tieren aufgrund ihrer Leidensfähigkeit ein moralischer Eigenwert zugesprochen werden soll. Dieser begründet ihren Anspruch auf Schutz vor unnötigem Leiden. Was in diesem Zusammenhang «unnötig» heißt, das muss in Abwägung mit anderen Gütern geklärt werden. Dies werde ich in der folgenden Stellungnahme versuchen.

(d) Stellungnahme

Wie gelangt man vom festgestellten Konflikt zwischen Religionsfreiheit und Tierschutz zu einer begründeten Stellungnahme? Ich werde die Frage auf zwei Ebenen angehen, einmal unter Berücksichtigung der gegebenen Umstände und einmal aus abstrakter, prinzipieller Sicht. Meine Stellungnahme ist dementsprechend eine doppelte.

> *Stellungnahme 1:* Unter den gegebenen Umständen plädiere ich *für* eine Aufhebung des Schächtverbotes (also gegen Handlungsoption 1). Der Wert des Tierschutzes ist jedoch Grund genug, um gesetzliche Maßnahmen zum Schutz der Tiere beim Schächten im Sinne von Handlungsoption 2 und 3 einzuführen, soweit diese im Urteil der betroffenen Religionsgemeinschaften möglich sind.

- Pro 1: Praktiken, die vergleichbar qualvoll sind wie das rituelle Schlachten (Tierversuche, betäubungsloses Kastrieren von Ferkeln, Jagd) sind trotz Schächtverbot zurzeit gestattet. Die dafür angeführten Gründe – nämlich medizinischer (Tierversuch), wirtschaftlicher (betäubungsloses Kastrieren von Ferkeln, Jagd) und folkloristisch-traditioneller oder naturschützerischer Art (Jagd) – sind in der Regel weniger gewichtig als die Religionsfreiheit.

- Contra 1: Pro 1 zeigt nicht, dass ein weitgehender Tierschutz nicht ein ethisch legitimes Ziel sein kann. Es bezieht sich nur auf die Reihenfolge der einzuführenden Maßnahmen. Aus der Tatsache, dass man (noch) keine Verpflichtung zur Betäubung von Ferkeln bei der Kastration oder schärfere Vorschriften bei Jagd und Tierversuchen einführte, folgt nicht, dass das Schächtverbot nicht legitim sein kann. Eine Analogie: Aus der Tatsache, dass man gewisse Steuerschlupflöcher noch nicht gestopft hat, folgt nicht, dass man weitere aufreißen soll.
- Pro 2: Contra 1 ist grundsätzlich richtig, im gegebenen Fall jedoch meines Erachtens deutlich weniger gewichtig als das Diskriminierungsverbot.

Gemäß Walter Kälin besteht der Zweck der Diskriminierungsverbote darin, den Angehörigen jener gesellschaftlichen Gruppen einen besonderen Schutz zu gewähren, die in der Vergangenheit – und zum Teil bis heute – deklassiert und rechtlich in entwürdigender Weise schlechter gestellt wurden. Sie bieten in diesem Sinne einen spezifischen Schutz auf dem Hintergrund einer geschichtlichen Erfahrung.

Die jüdische Minderheit wurde bis in die Gegenwart mehr oder weniger schwerwiegenden Diskriminierungen oder gar Verfolgungen ausgesetzt. Aus diesem Grund ist es in meinen Augen stoßend, eine diese spezifische Gruppe betreffende Maßnahme (Verbot des rituellen Schlachtens) aufrechtzuerhalten, solange vergleichbar schmerzvolle Praktiken – die jedoch der großen Mehrheit zugute kommen – nicht ebenfalls verboten oder streng reglementiert werden (oder zumindest Schritte in diese Richtung unternommen werden). Die muslimische Minderheit steht ebenfalls in Gefahr, im Sinne der oben zitierten Definition diskriminiert zu werden. Dieses Argument trifft also auch auf sie zu. Das Beispiel Steuerschlupfloch ist insofern keine sinnvolle Analogie zum diskutierten Fallbeispiel, als die zur Debatte stehende Regelung nicht eine historisch und gesellschaftlich deutlich umschriebene Minderheit trifft (siehe dazu das Differenzierungsargument Abschnitt 3.2.6 «Analogien, Gleichnisse und Geschichten»).

Bevor ich zur zweiten Stellungnahme komme, möchte ich noch Handlungsoption 4 kurz diskutieren. Diese geht von der Feststellung aus, dass es in keiner der beiden Religionen eine Pflicht zum Schlachten oder zum Essen von Fleisch gibt. Ein Verbot des rituellen Schlachtens, so die Überlegung, würde nicht automatisch zu einer Einschränkung der Religionsfreiheit führen.

- Pro 3: Handlungsoption 4 möchte ich ebenfalls mit dem Argument des Diskriminierungsverbotes zurückweisen. Ein faktisch nur für eine ganz bestimmte Gruppe geltendes Verbot, Fleisch zu essen, wäre ein massiver Eingriff in das alltägliche Leben und hätte unter den gegebenen Umständen die Wirkung einer symbolisch hoch bedeutsamen Ausgrenzungsmaßnahme. Diese kann nicht anders erfahren werden als ein gezielter, wenn auch indirekter Angriff auf die eigene Religion und die eigene Religionsfreiheit.

Ich versuche zusammenfassend, den kritischen Punkt meines Argumentes zu benennen. Dieses steht und fällt mit der Annahme, dass (x) das Diskriminierungsverbot im gegebenen Fall schwerer wiegt als (y) das Bemühen um eine möglichst rasche Einführung eines umfassenden Tierschutzes, gesetzt der Fall, dies sei unser Ziel.

Sie sehen, meine kurze Analyse führt mich dazu, nicht mehr die großen und abstrakten Werte «Religionsfreiheit» und «Tierschutz» einander gegenüberzustellen, sondern die nuancierteren und situationsnäheren moralischen Positionen (x) und (y). Dass dabei (x) unter den gegebenen Umständen wirklich schwerer wiegt als (y), ist eine Überzeugung, die mir plausibel scheint, für deren Richtigkeit ich hier aber wenig anführen kann.

Stellungnahme 2: Unter gewissen Umständen könnte der Wert des Tierschutzes so stark an Gewicht gewinnen, dass ein Verbot des rituellen Schlachtens und sogar ein Importverbot von entsprechendem Fleisch – anders als bei meiner ersten Stellungnahme – gerechtfertigt wäre.

- Pro 4: Die nähere Untersuchung hat gezeigt, dass im vorliegenden Fall die Religionsfreiheit nicht unmittelbar, sondern auf dem Umweg der Gefahr der Diskriminierung auf dem Spiel steht. Diese Beobachtung ist darum von Bedeutung, weil sie das Problem verlagert. Es ist nicht ein Gegensatz zwischen zwei Werten auf gewissermaßen absoluter und prinzipieller Ebene, sondern ein im Wesentlichen von historischen Erfahrungen und gesellschaftlichen Identitäten bestimmter Konflikt. Problematisch ist die mit einem Verbot des rituellen Schlachtens verbundene Ausgrenzung und Wertung der entsprechenden Religion oder Weltanschauung, nicht das Verbot an sich. Es lassen sich darum mögliche Szenarien denken, in denen der Konflikt nicht gegeben ist.
- Pro 5: Eine Beibehaltung des absoluten Verbotes des betäubungslosen Schlachtens und unter Umständen sogar das Importverbot von entsprechendem Fleisch wäre in meinen Augen dann möglich, wenn der Tierschutz in unserer Gesellschaft einen der Religionsfreiheit vergleichbaren Stellenwert hätte. Das Verbot des rituellen Schlachtens wäre in meinen Augen dann vertretbar, wenn auch die große Mehrheit der Bevölkerung bereit wäre, die aus einem kohärenten Tierschutz erwachsenden Konsequenzen mitzutragen. Ich denke an wirtschaftliche (Verbot von längeren Tiertransporten; absolutes Verbot von Eingriffen ohne Betäubung; äußerst restriktive Tierhaltung), politische (Schutz der Tiere welt-

weit als ein Ziel der schweizerischen Außenpolitik; Importverbot für alle Erzeugnisse, die im Widerspruch zu schweizerischen Regelungen stehen) und unter Umständen sogar medizinische Maßnahmen (massive Einschränkung, wenn nicht Totalverbot von Versuchen, bei denen Tiere leiden).

Wo genau liegt die Grenze, bei der deutlich wird, dass das Verbot des rituellen Schlachtens keine diskriminierende Maßnahme ist, sondern eine Maßnahme unter anderen mit dem Ziel eines umfassenden Schutzes des Tiers vor Leiden? Ab welchem Zeitpunkt überwiegt in anderen Worten das Argument von Contra 1? Sollten Sie der am Schluss von Stellungnahme 1 vorgenommenen Gewichtung von (x) und (y) nicht zustimmen, sind Sie wohl der Meinung, dass diese Grenze schon erreicht wurde: Die schon beschlossenen Tierschutzmaßnahmen machen in Ihren Augen deutlich genug, dass ein Verbot des rituellen Schlachtens nicht auf eine Diskriminierung der religiösen Gemeinschaften hinausläuft. Aber die Frage muss anders gestellt werden: Wo liegt die Grenze in der Wahrnehmung der betroffenen Religionsgemeinschaften? Oder besser: Wo liegt sie, so dass vernünftigerweise erwartet werden kann, dass ein Verbot nicht als diskriminierend empfunden wird? Solange der Tierschutz nicht zumindest gegen wirtschaftliche Sonderinteressen durchgesetzt wird, ist dies wohl kaum der Fall.

(e) Exkurs zu Konflikt 2: Ungewollter Konsum von Fleisch aus ritueller Schlachtung

Es sind folgende Handlungsoptionen auszumachen:

- *Handlungsoption 1:* Verzicht auf Fleischkonsum der Gegner des rituellen Schlachtens,
- *Handlungsoption 2:* Deklarationspflicht für Fleisch von Tieren aus ritueller Schlachtung (Transparenz für und Wahlfreiheit der Konsumenten),
- *Handlungsoption 3:* Label (freiwilliger Natur) für unter anderem «Fleisch von einem schonend geschlachteten Tier» (oder ähnlich).

Handlungsoption 3 ist meines Erachtens die beste Lösung. Handlungsoption 1 wäre denkbar, Handlungsoption 2 hingegen zurückzuweisen. Wie komme ich zu diesem Schluss?

- Pro 1: Das Argument der Gegner des rituellen Schlachtens ist ein pathozentrisches. Aber praktisch die gesamte gegenwärtige Fleischproduktion ist diesem pathozentrischen Vorwurf ausgesetzt (siehe Bemerkung 4). Der Unterschied zwischen dem traditionellen und dem rituellen Schlachten ist – wenn überhaupt – quantitativer, nicht qualitativer Art. Es ist in meinen Augen zumutbar – wenn auch kaum die ideale Lösung –, dass jene, die unter keinen Umständen Fleisch aus ritueller Schlachtung essen möchten, auf Fleischkonsum verzichten, wenn sie nicht informiert sind über die Herkunft des Fleisches.

- Contra 2: Das Diskriminierungsverbot gilt auch in diesem Fall. Eine solche Deklarationspflicht würde faktisch einen religiösen Brauch hervorheben und negativ konnotieren. Angesichts der Tatsache, dass uns mit Handlungsoption 3 eine Alternative zur Verfügung steht, tendiere ich dazu, Handlungsoption 2 als diskriminierend zurückzuweisen.
- Pro 3: Den zu Konflikt 2 führenden moralischen Intuitionen wird meines Erachtens durch die Einführung eines umfassenden Labels (oder Erweiterung bestehender Labels, wie z.B. Natura Beef) am besten Rechnung getragen werden. Ein solches Label sollte Fleisch aus einer Produktionsweise kennzeichnen, die das Leiden der Tiere umfassend zu verhindern sucht: artgerechte Tierhaltung, auf dem Hof (also ohne Transport) angstfrei und mit Betäubung geschlachtet usw.

(f) Stand der Dinge

Die im Dezember 2001 abgeschlossene Vernehmlassung zum neuen Tierschutzgesetz zeigte, dass die Lockerung des Schächtverbotes aus tierschützerischen Überlegungen in breiten Kreisen auf massiven Widerstand stossen würde. Unterstützung für die konziliantere Gesetzesvorlage fand der Bundesrat fast nur bei den Kirchen und ein paar Parteien. Die Christlichdemokratische Volkspartei (CVP) und – nicht unbedingt zu erwarten – die rechtskonservative Schweizerische Volkspartei (SVP) und die Grünen liessen vorsichtige Zustimmung erkennen. Die Freisinnig-Demokratische Partei (FDP) äusserte sich, trotz ihrem liberalem Erbe, nicht spezifisch zu diesem Punkt, und die Sozialdemokratische Partei (SP) tendierte zu einer ablehnenden Haltung. Der Bundesrat beschloss daraufhin, die umstrittenen Artikel aus der Vorlage zu entfernen. Die Botschaft und der Gesetzesentwurf zum neuen Tierschutzgesetz wurden vom Bundesrat im Dezember 2002 verabschiedet. Trotzdem lancierte der Schweizerische Tierschutzverein gleichsam vorbeugend eine Volksinitiative zur Einführung eines Schächtverbotes auf Verfassungsebene. Ob die Initiative «Tierschutz Ja!» zustande kommt, war bis zum Druck des Buches noch nicht erkennbar.

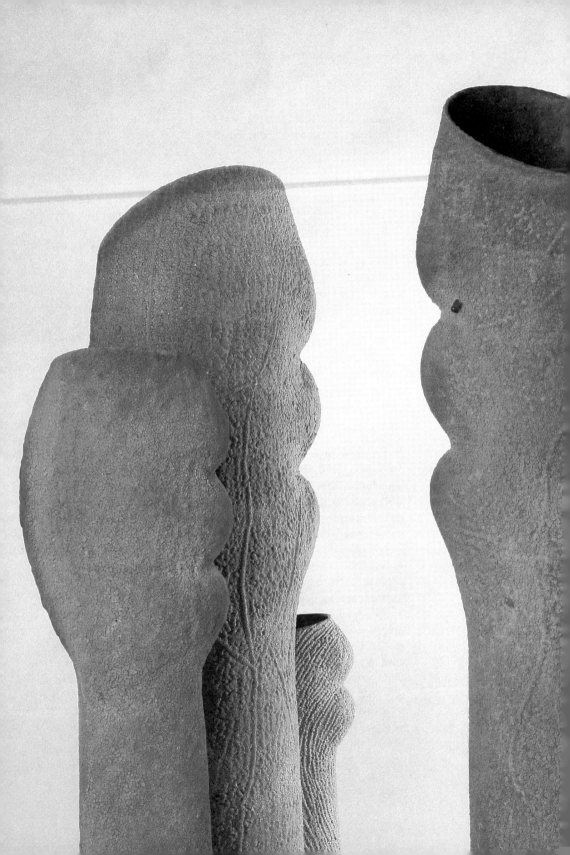

5
Learning by Doing

Wenn Ethik als reflexive und argumentative Kompetenz verstanden wird, dann wird man Ethik üben müssen. Wir haben dafür in den folgenden Abschnitten Anregungen zum Lernen und Lehren zusammengestellt.

Die meisten der folgenden Übungen sind für Gruppen gedacht. Viele können mit etwas Phantasie aber angepasst werden, so dass sie auch für das Selbststudium hilfreich sein können.

5.1 Identifizierung eines moralischen Problems

Übung Suchen Sie in Ihrem Alltagsleben (Ihrem Fach, der Zeitungslektüre, der persönlichen Erfahrung) ein Erlebnis oder eine Geschichte, die in Ihren Augen ein moralisches Problem darstellen. Bereiten Sie sich so vor, dass Sie die Anekdote einer Kleingruppe in maximal drei Minuten schildern können.

In der Kleingruppe: Alle erzählen ihre Anekdote. Erörtern Sie gemeinsam, was eigentlich an den jeweiligen Geschichten das Problem aus spezifisch ethischer Perspektive ausmacht (im Gegensatz zu einem politischen, technischen, wirtschaftlichen oder ähnlichen Problem).

Lernziel	Sie lernen, den *moral point of view* von anderen Aspekten einer Problematik zu unterscheiden.
Tipps	- Lassen Sie sich bei der Auswahl des Beispiels nicht schon von der Aufgabe für die Gruppe beeinflussen. Faustregel: Eine moralische Problematik kann vorliegen, wenn Sie angesichts der Situation, der Problemlage oder dem Erlebnis Empörung oder Schuld empfinden.
- Moderatorin: Die Übung eignet sich gut als Hausaufgabe zur Einstimmung auf den Beginn einer Veranstaltung oder eines Kurses. Die Gruppenarbeit dient auch gleich dem gegenseitigen Kennenlernen.

5.2 Bilder zur Illustration unserer moralischen Intuitionen

Durch die ethische Analyse eines Problems anhand eines fixen Schemas gehen viele Schattierungen und Stimmungen der konkreten, erlebten Situation verloren. Diese sind jedoch unter Umständen für das Verständnis derselben von Bedeutung.

Übung	Suchen Sie sich (aus Zeitschriften, eigenen Fotos, dem Internet usw.) ein Bild aus, das einen Ihnen wichtigen Aspekt einer moralischen Problematik stimmungsmäßig gut illustriert. In der Gruppe: Zeigen Sie das ausgewählte Bild und erläutern Sie es kurz.
Lernziel	Sie gewinnen ein *Feeling* für die feinen Nuancen, mit denen verschiedene Menschen eine bestimmte Situationen wahrnehmen und sich auf diese beziehen, auch wenn diese Nuancen vielleicht hinter einer gleichlautenden Stellungnahme auf den ersten Blick nicht sichtbar sind.
Tipps	- Sie müssen das Bild nicht «erklären» können. Suchen Sie also ruhig ein Bild aus, das Ihnen irgendwie passend vorkommt, auch wenn Sie nicht wissen, warum genau.
- Moderatorin: Sie können auch Bildmaterial mitnehmen und die Übung vor Ort und ohne Vorbereitung der Teilnehmenden durchführen. Achten Sie dabei auf ein möglichst großes Angebot an Bildern.

5.3 Fischteich: Ethische Debatten von außen beobachten

Moralische Fragen wecken Emotionen und rufen nach persönlichem Engagement. Die nüchterne Beobachtung aus der Distanz muss erlernt werden.

Übung
Zwei Personen (die «Fische») bekommen den Auftrag, ein moralisches Thema kontrovers, aber nicht polemisch zu debattieren. Die anderen Personen beobachten von außen und achten dabei vor allem auf die Argumentation, auf rhetorische Figuren und die Wortwahl. Die Moderatorin kann die Debatte jederzeit unterbrechen, um von den Beobachtern (oder den «Fischen») Beobachtungen zu sammeln.

Lernziel
Sie schulen den «wissenschaftlichen Blick», die Fähigkeit, eine Debatte von außen zu beobachten und zu analysieren.

Tipp
- Moderatorin: Arbeiten Sie mit einer größeren Gruppe, können verschiedene Beobachter beauftragt werden, auf unterschiedliche Aspekte zu achten (rhetorische Figuren; alternative Argumentationsstrategien; Wortwahl; allenfalls auch sonstige kommunikative Elemente wie Körpersprache usw.).

5.4 Kompetitive Debatte oder Rede

In unserem Alltag argumentieren wir permanent. Meistens machen wir dies jedoch unbewusst, überlegen uns nicht verschiedene Antworten auf eine Behauptung hin, sondern sagen, was uns zuerst durch den Kopf geht: Das ist nicht immer die beste Erwiderung.

Übung
Zwei Parteien (Einzelpersonen oder Teams) bereiten eine Podiumsdiskussion zu einem vorgegebenen, kontroversen Thema vor: Welches sind die zu erwartenden Argumente des Gegners? Wie könnte man reagieren? Welches sind die eigenen Strategien und Argumente? Sie führen die Debatte vor einem Publikum, das sich von der einen oder anderen Partei überzeugen lässt und am Schluss die siegreiche Partei bestimmt.

Lernziel
Sie lernen, nicht einfach «aus dem Bauch heraus» zu argumentieren, sondern gezielt und im Bewusstsein um die Schwächen und Stärken Ihrer Position und der eingesetzten rhetorischen Mittel.

Tipps
- Die von den beiden Parteien vertretenen Positionen sollten nicht mit den von Ihnen effektiv geteilten moralischen Überzeugungen übereinstimmen: Übernehmen Sie eine Rolle. Dadurch wird die Gefahr, dass in der Debatte persönliche Gefühle verletzt werden, verringert.
- Versuchen Sie die rhetorischen Figuren und deren Vor- und Nachteile anzuwenden (Siehe dazu Abschnitt 3.2 «Rhetorische Techniken des Argumentierens»).
- Moderatorin: Kombinieren Sie die Übung mit der Fischteich-Technik (siehe Abschnitt 5.3). Sie können beispielsweise die Debatte regelmäßig unterbrechen und das «Publikum» dazu auffordern, die Taktik der Parteien zu begutachten und Alternativen vorzuschlagen. Die Parteien können die Debatte auch wiederholen, um alternative Argumentationsweisen auszuprobieren.
- Sie können Bilder verwenden, um für moralische Positionen zu werben. Schaffen sie beispielsweise ein Plakat für ihre Partei.

5.5 Einen Leserbrief schreiben

Die gesellschaftspolitisch relevanten ethischen Debatten haben nicht selten die Form einer Serie von Schriften: Denken Sie an die Vernehmlassungen zu neuen Bundesgesetzen, die Berichte der Ethikkommissionen und die Folgen kontroverser Stellungnahmen von Experten oder Expertinnen in den Zeitungen vor den Abstimmungen. Nicht zuletzt seien die Leserbriefspalten erwähnt, die übrigens zu den am aufmerksamsten gelesenen Teilen der Zeitungen gehören.

Übung
Schreiben Sie allein oder als Gruppe zu einem aktuellen moralischen Problem einen Leserbrief. Schreiben und schicken Sie (natürlich an jeweils unterschiedliche Zeitungen ...) verschiedene Texte zum gleichen Thema: einmal argumentativ und vernünftig, einmal eher polemisch oder bissig.

Lernziel
Sie können die zentralen Argumente und Sachpunkte eines moralischen Problems von den nebensächlichen Aspekten unterscheiden und diese schriftlich in eine knappe und einprägsame Formulierung gießen.

Tipps	- Achten Sie beim Schreiben auf Kürze! Dies erhöht die Wahrscheinlichkeit einer Publikation. Der oben unter Abschnitt 3.3 abgedruckte Leserbrief hat 270 Wörter und dürfte damit typisch sein.
- Vergessen Sie Namen und Adresse nicht! Die meisten Redaktionen lehnen anonyme Schreiben grundsätzlich ab.
- Die meisten Zeitungen haben für Briefe der Leser eine eigene E-Mail-Adresse eingerichtet. Die Post- und E-Mail-Adressen der wichtigsten Tageszeitungen und Zeitschriften finden sie im Internet.

5.6 Rekonstruktion vergangener Ethikdebatten

Dank der Beobachtung vergangener Debatten gewinnen Sie einen Blick für die trägen, langfristigen Verschiebungen in der Wahrnehmung und Einschätzung eines moralischen Problems. Dies verändert auch Ihre Wahrnehmung von aktuellen Debatten.

Übung	Untersuchen Sie – allein oder in einer Gruppe – eine vergangene Ethikdebatte. Wie war damals die erste Einschätzung? Warum wurde etwas als Problem wahrgenommen? Wie hat sich die Wahrnehmung im Laufe der Zeit verändert? Welches waren die Gründe für diese Wandlungen? Wer war an der Debatte beteiligt, und auf welchen Schauplätzen wurde sie ausgetragen?
Lernziel	Sie entwickeln der eigenen Position gegenüber eine gewisse Skepsis: Diese verliert ihre Unverrückbarkeit und ist dem Verdacht ausgesetzt, auch nur eine Phase in einer längeren Entwicklung zu sein.
Tipps	- Es eignen sich für diese Übung vor allem moralische Probleme, wie sie sich bei der Einführung einer neuen Technik oder einer gesellschaftlichen Entwicklung ergeben. Interessant sind in der Zeit schon weiter zurückliegende Beispiele, etwa aus dem 19. Jahrhundert: Debatten zu den Gefahren und dem Nutzen der elektrischen Beleuchtung der Straßen, der Eisenbahn, der Lebensversicherung, der Schulen. Beispiele aus anderen Kulturen sind ebenfalls geeignet (Bewertung der Transplantationsmedizin im Buddhismus, Bewertung des Kriegs gegen den Irak in Amerika usw.).

- Moderatorin: Als Arbeitsmaterial eignen sich Kopien der Stellungnahmen verschiedener Stakeholder. Für aktuellere Debatten können die Teilnehmenden auch Material im Internet suchen. Achten Sie in diesem Fall darauf, dass diese sich nicht *zu viel* Material beschaffen.
- Vergleichen Sie vergangene mit aktuellen Debatten. Beispiel: Inwiefern kann die der neuen Kulturpflanze Kartoffel im 18. Jahrhundert in Preußen entgegengebrachte Ablehnung mit der gegenwärtigen Angst der Konsumenten und Konsumentinnen vor Lebensmitteln aus gentechnologisch veränderten Pflanzen verglichen werden?

5.7 Rollenwechsel und Überzeugungsarbeit

Übung Sie diskutieren mit einer Person aus Ihrem Umfeld ein moralisches Problem und verteidigen dabei gerade das Gegenteil ihrer eigentlichen Position. Versuchen Sie ernsthaft, sich mit der eingenommenen Position zu identifizieren, und vermeiden Sie es, der Versuchung nachzugeben, die gegnerische Position überspitzt und karikiert zu spielen.

Lernziel Sie können in unterschiedliche moralische Positionen «hineinschlüpfen». Dadurch sind Sie besser in der Lage, den verschiedenartigen Argumenten gerecht zu werden. Kurz: Sie lernen, sich die ethische Arbeit nicht zu einfach zu machen.

Tipp
- Es handelt sich bei dieser Übung um eine hervorragende Lernkontrolle: Im Gespräch mit Personen, die keinen Ethikkurs besucht haben, zeigt sich, was man gelernt hat und wo bezüglich der ethischen Argumentation oder der rhetorischen Überzeugungsarbeit noch Lücken bestehen. Wir schlagen darum vor, die Übung als Hausaufgabe zwischen zwei Lerneinheiten durchzuführen und im Plenum oder in Kleingruppen sorgfältig auszuwerten.

5.8 Web-basierte Diskussionsforen

Im Internet gibt es seit Jahren auf eigenen Plattformen (Online-Diskussionsforen, Chats) rege Kommunikationen zu vielen Themen. Solche Diskussionsforen enthalten natürlich viel Überflüssiges. Aber sie vereinen die Vorteile je von gesprochener und geschriebener Sprache: Sie erlauben es, auf ein bestimmtes Votum zu reagieren. Sie erlauben es aber auch, das mit etwas zeitlicher Verzögerung, das heißt mit der Möglichkeit des Nachdenkens zu tun. Zudem können sie nach Thema gegliedert werden, und diese Gliederung kann laufend dem Gespräch angepasst werden. Insofern handelt es sich um ein für Ethikdebatten hervorragend geeignetes Medium, da den verschiedenen Strängen der Argumentation (siehe Abschnitt 3.1.9 «Die Struktur ethischer Diskurse») nachgegangen werden kann.

Übung Richten Sie auf dem Internet zu einem von Ihnen bearbeiteten Thema ein Diskussionsforum ein. Legen Sie die Diskussionsregeln fest (Netiquette) und bestimmen Sie einen «Master», der auf deren Einhaltung achtet. Sie können das Forum gezielt für die Bearbeitung einer Fallstudie mit einer Gruppe benutzen oder aber anderen Teilnehmern und Teilnehmerinnen öffnen und so externe Meinungen erhalten.

Lernziel Sie experimentieren mit der Nutzung modernen Kommunikationsplattformen und erfahren, welche Bedeutung dem Medium einer Debatte respektive der Kommunikationsplattform zukommt.

Tipps
- Diese Übung eignet sich gut, um ein moralisches Problem über längere Zeit hinweg vertieft zu behandeln. Für im Laufe der Diskussion auftauchende neue Aspekte können entsprechende Unterabteilungen eröffnet und die Argumentation so übersichtlich und detailliert verästelt werden.
- Die Übung setzt nicht die physische Anwesenheit der Diskussionsteilnehmenden voraus. Eröffnen Sie ein Diskussionsforum, in dem Personen aus verschiedenen Orten, Ländern oder Kontinenten an einem moralischen Fallbeispiel arbeiten.

5.9 Tugendhafte Menschen identifizieren

Frodo Beutlin, der Held im Roman «Der Herr der Ringe», ist auf seiner Reise von großen Helden und mächtigen Zauberern umgeben. Er erkennt jedoch, dass er selbst es ist, der den dämonischen Zauberring, den er von seinem Onkel erhalten hat, wieder den Feuerelementen zurückgeben muss. Diese Aufgabe lässt sich nicht delegieren, denn sie gründet auf einer unaufgebbaren persönlichen Verantwortung.

Übung Suchen Sie Beispiele aus Ihrem Umfeld, der Geschichte oder der Literatur, von denen Sie sagen würden, es handle sich um tugendhafte Menschen. Menschen also, die Sie ihrer moralischen Charakterzüge wegen bewundern, achten und schätzen. Wie würden Sie diese Menschen beschreiben? Welche besonderen Eigenschaften haben sie?

Lernziel Sie lernen, dass es moralische Probleme gibt, deren Bearbeitung oder gar Lösung nicht delegierbar ist und an die jeweilige (oder eigene) Person und die entsprechende Situation gebunden sind.

Tipps
- Statt von «tugendhaft» sprechen wir heute vielleicht eher davon, dass Menschen «glaubwürdig» sind. Definieren Sie, was einen Manager, eine Wissenschaftlerin oder andere typische Berufe unserer Gesellschaft glaubwürdig macht.
- Fragen Sie sich auch, ob es Menschen gibt, die zu tugendhaft sind.
- Moderatorin: Fragen Sie die Teilnehmenden nach der Übung, ob jemand an ein Kind gedacht hat. Normalerweise ist das nicht der Fall. Fragen Sie die Teilnehmenden, warum dem so sei. Fragen Sie auch, ob die Teilnehmenden an gleichaltrige oder ältere, Männer oder Frauen, lebende und reale oder gestorbene oder gar fiktive Menschen gedacht haben.

5.10 Geschichten erzählen

Im ethischen Diskurs spielen Beispiele, die man erzählt, oft eine große Rolle. Jede und jeder kennt solche. Oft werden diese Beispiele, gerade auch die selbst erlebten, zu kunstvoll gestalteten Geschichten verdichtet. Durch das Erzählen einer Geschichte bestimmen wir die Perspektive, in der wir eine Situation oder ein Problem wahrnehmen. Darum waren Geschichten von jeher beliebte Mittel, um zu bestimmten Einstellungen und Einsichten zu bewegen.

Übung Erzählen oder erfinden Sie selbst eine Geschichte (eine Fabel oder ein Gleichnis), die eine bestimmte Handlungsweise nahe legt oder verbietet.

Lernziel Sie lernen, dass Geschichten manchmal besser geeignet sind, um moralische Einsichten, Intuitionen und Überzeugungen zu kommunizieren als abstrakte Argumentationen.

Tipp
- In der Ihnen bekannten mythisch-religiösen, utopischen und belletristischen Literatur oder in Filmen finden Sie Vorlagen für diese Übung.

5.11 Warum ethisch sein: Eine Begegnung mit Außerirdischen

In vielen Büchern wird die Frage gestellt: Warum überhaupt ethisch sein? Auch im Alltag äußern und hören wir diese (oft bloß «rhetorische») Frage immer wieder. Ethik ist offensichtlich etwas, was nicht einfach naturgegeben ist.

Übung Nehmen Sie übungshalber folgendes Szenario an: Eine außerirdische Lebensform mit großer Intelligenz landet auf der Erde. Die Außerirdischen können mit uns Menschen kommunizieren, sind uns aber technisch haushoch überlegen. Sie haben keine moralischen Normen, die den unsern entsprechen. Stellen sie zwei Delegationen zusammen: Die Delegation der Menschen versucht einer Delegation von Außerirdischen zu begründen, warum es sinnvoll ist, uns (die Schwächeren) zu schützen und zu respektieren. Die Delegation der Außerirdischen versucht ihrerseits möglichst kohärent und vernünftig Unverständnis zu kommunizieren.

Überlegen Sie sich im Nachhinein, wo die Grenzen dieses Versuchs lagen.

Lernziel	Sie lernen verstehen, welches die Voraussetzungen dafür sind, jemandem Ethik «schmackhaft» zu machen, und dass dafür vermutlich immer schon die Zugehörigkeit zu einer moralischen Praxis nötig ist.
Tipp	■ Als Vorbilder für die Außerirdischen können Sie auf das Personal aus den Filmserien «Star Trek» und «Star Wars» zurückgreifen, zum Beispiel auf den immer rationalen Mr. Spock.

5.12 Gullivers moralische Reisen

Moralische Urteile und Positionen sind oft so formuliert, dass man meinen könnte, ihre Geltung liege in ihnen selbst, sie seien gewissermaßen Ausdruck einer Wahrheit an sich. Vergessen geht dabei leicht, dass die meisten moralischen Urteile und Positionen nur auf dem Hintergrund von Annahmen über die Fakten und besonders von Weltanschauungen oder Philosophien ihren Sinn gewinnen.

Übung	Die moralische Ausstattung unserer Welt könnte auch ganz anders sein. Versuchen Sie sich zwei Extreme vorzustellen – so als würden Sie wie Gulliver auf seinen Reisen Welten kennen lernen, die nicht wie unsere eigene aufgebaut sind: ■ Szenario 1: Wie sähe eine Welt aus, die Gut und Böse völlig anders definiert als wir? Setzen Sie ihre Phantasie ein, um eine solche Welt zu erfinden. ■ Szenario 2: Wie sähe eine (moralisch perfekte) Welt aus, in der unsere moralischen Grundnormen von allen eingehalten werden? Würden Sie in einer solchen Welt leben wollen?
Lernziel	Sie schulen ihre moralische Einbildungskraft und gewinnen ein Verständnis für die fundamentalen Annahmen, die unserer Moral und Ethik zugrunde liegen.
Tipps	■ Stellen Sie sich bei Szenario 1 beispielsweise vor, dass Kopfsalate behandelt werden, als ob sie Menschen wären. Stellen Sie sich also vor, es gäbe dort eine im Grundgesetz verankerte Kopfsalatwürde. ■ Stellen Sie sich bei Szenario 2 vor, Adam und Eva hätten die Frucht vom Baum der Erkenntnis des Guten und Bösen nicht gegessen und wir würden immer noch im Paradies leben.

5.13 Ethikkodex und *code of conduct*

Immer mehr Unternehmen oder Verbände geben sich auf freiwilliger Basis einen sogenannte Ethikkodex, der auf freiwilliger Basis, also nicht durch staatliche Gesetze geregelt, Handeln steuern soll.

Übung Verfassen Sie – allein oder in der Kleingruppe – für Ihr Unternehmen, Ihre Branche oder Ihre wissenschaftliche Disziplin einen Ethikkodex im Miniformat.

Lernziel Sie lernen, allgemeingültige und praktikable moralische Prinzipien für Ihren Anwendungsbereich zu formulieren.

Tipp
- Formulieren Sie moralische Prinzipien, die nicht von zu großer Reichweite sind. Zu abstrakte Prinzipien (beispielsweise Leidensminimierung oder Gerechtigkeit) gelten immer auch in andern Bereichen und machen nur Sinn, wenn Sie diese in Bezug auf Ihren Bereich oder Fall konkretisieren.
- Beschränken Sie sich – falls Sie nicht wirklich einen Kodex für die Praxis ausarbeiten möchten – auf die Ihrer Ansicht nach fünf wichtigsten Prinzipien und deren Erläuterung.
- Sollten Sie wirklich einen Ethikkodex ausarbeiten müssen, der in Ihrem Team oder Ihrem Unternehmen zum Einsatz kommt, so raten wir Ihnen, alle Beteiligten (oder zukünftigen Anwenderinnen) des Ethikkodexes in die Formulierungsarbeit einzubeziehen. Es gilt hier weitgehend: Der Weg ist das Ziel. Lassen sie sich allenfalls von professionellen Ethikbüros beraten (siehe dazu die Adressen am Schluss von Abschnitt 5.18 «Selbststudium»).

5.14 Implementierung

Nicht nur die ethische Beurteilung von Handlungsoptionen, sondern auch die Umsetzung ethischer Urteile und Überzeugungen stellt eine spezifische Herausforderung moderner Ethik dar.

Übung Nehmen Sie an, dass Sie mit einem gegebenen ethischen Urteil einverstanden sind. Überlegen Sie sich allein oder in der Gruppe, wie Sie deren Gehalt am sinnvollsten in konkrete Handlungen oder Handlungsbedingungen umsetzen können. Nutzen Sie die Liste möglicher Umsetzungen von Abschnitt 2.3 «Die Implementierung moralischer Normen und Haltungen in modernen Gesellschaften» als Anregung. Vielleicht haben Sie auch noch ganz andere Ideen.

Lernziel Sie lernen moderne Steuerungsmittel kennen und gewinnen ein Verständnis für die Folgen der Implementierung ethischer Urteile und Überzeugungen.

Tipp
- Sie werden sehen, dass die Beurteilung einer Handlung und die Umsetzung dieses Urteils oft gar nicht getrennt werden können. Was wir jeweils moralisch für gut und richtig halten, zeigt sich nicht zuletzt darin, welche Folgen wir aus den Urteilen abzuleiten bereit sind. In diesem Sinne eignen sich Übungen zur Implementierung auch zur genaueren Bestimmung der Art unserer ethischen Urteile und Überzeugungen.

5.15 Fallstudien

Fallstudien sind die besten Übungsmöglichkeiten der Ethikschulung.

Übung Untersuchen Sie – in einer kleinen Gruppe oder allein – im Detail ein Fallbeispiel anhand der im Schema zur ethischen Urteilsfindung angegebenen Schritte (siehe dazu Abschnitt 4.2), und erarbeiten Sie eine Stellungnahme vom *moral point of view* aus.

Tipps
- Falls die Faktenlage unsicher ist: Verlieren Sie nicht zu viel Zeit mit dem Anstellen von Vermutungen. Formulierungen der Art von «Wenn X, dann Y» helfen Ihnen über Blockierungen infolge unsicherer Faktenlage hinweg.
- Moderatorin: Machen Sie vor dem Beginn der Arbeit der Kleingruppen an den Fallbeispielen eine Umfrage: Stellen Sie den Fall kurz vor, und stellen Sie die ethisch relevante Frage («Sind Sie dafür oder dagegen, dass …?»). Wiederholen Sie diese Umfrage nach der Präsentation der Resultate der Kleingruppen im Plenum. Hat die Analyse und die Güterabwägung zu einer Veränderung der Positionen (in der Kleingruppe; im Plenum) geführt? Warum? Warum nicht? Haben sich die Gründe (dafür oder dagegen) verändert?
- Moderatorin: Stellen Sie den Teilnehmenden nicht zu viel Material zur Verfügung, so dass nicht zu viel Zeit für das Aktenstudium verloren geht. Meistens reichen ein, zwei Stellungnahmen der Stakeholder (Artikel, Leserbriefe, Auszüge aus Gutachten usw.) und ein paar wenige Informationen zum Hintergrund. Zu praktisch allen aktuellen ethischen Fragen finden Sie im Internet Material.

Viele Fallbeispiele findet man bei Volker Pfeifer, *Ethisch Argumentieren. «Was ist richtig, was ist falsch?» Ethisches Argumentieren anhand von aktuellen Fällen.* Das *Zentrum für Technologiefolgenabschätzung* in der Schweiz organisiert regelmäßig Publiforen. Mehr Informationen unter: www.ta-swiss.ch

- Moderatorin: Sie können die Fallstudie als Publiforum inszenieren. Als «Publiforen» bezeichnet man Veranstaltungen, an denen eine Gruppe von Bürgern und Bürgerinnen mit unterschiedlichen Interessen und Hintergründen sich vertieft und über längere Zeit unter Beiziehung von Experten und Expertinnen mit einer gesellschaftlichen Grundsatzfrage auseinander setzt. Ziel ist es, sich abschließend auf ein Schlussdokument und/oder eine Liste von Handlungsvorschlägen zu einigen. Publiforen werden als Ergänzung zur demokratischen Entscheidungsfindung vor allem bei neuen Problemstellungen, die komplexe wissenschaftliche und technische Aspekte umfassen, eingesetzt.

5.16 Textanalysen

Die detaillierte Analyse eines kurzen Textes erlaubt eine Aufmerksamkeit für die feinen Nuancen der Argumentation, der Wortwahl und der Syntax, die in ihrer Kombination erst den Sinn und die Kraft (oder eben die Schwäche) seines Gehaltes ausmachen.

Übung Analysieren Sie eine (kurze) Stellungnahme auf Ihren Argumentationsaufbau, die rhetorischen Figuren und sonstigen Elemente hin. Das Beispiel unter Abschnitt 3.3 kann Ihnen als Vorlage dienen. Sie finden dort auch präzisere Angaben zum Vorgehen.

Lernziel Sie lernen ein Argument über mehrere Schritte hinweg zu verfolgen, implizite faktische und normative Annahmen und logische Strukturen zu identifizieren sowie den Einsatz von rhetorischen Figuren kritisch wahrzunehmen.

Tipp
- Sie können auch Radio- oder Fernsehsendungen analysieren. Achten Sie in diesem Fall auf andere rhetorische Elemente wie Stimme, Tonlage und Körpersprache (Blick, Handbewegungen, Hin- und Abwenden usw.).

5.17 Lektüre von philosophischen Texten zur Ethik

Philosophische Texte zu lesen, ist nicht einfach und muss geübt sein. Unserer Erfahrung nach ist es im Besonderen für Wirtschaftswissenschaftlerinnen und Naturwissenschaftler keineswegs selbstverständlich, mit solchen Texten umzugehen.

Zur Illustration eine Anekdote: In einem interdisziplinären Seminar zu philosophischen Fragen sollten in der Gruppe zwei philosophische Artikel besprochen werden. Dazu stellte der Professor diese Texte vor. Lange sprach er über den ersten Text (eine kurze Schrift des Philosophen David Hume), lobte ihn, sprach von der herausragenden Bedeutung dieses Textes für die Behandlung der Fragestellung seit seiner Publikation, riet auch, die Zeit vor allem für ein gründliche Besprechung dieses Artikel zu verwenden. Kurz bevor er die Teilnehmenden in die Gruppen entließ, erwähnte er noch, dass der zweite Text – den er selbst geschrieben hatte – zeige, warum Humes Argumentation grundfalsch sei. In diesen Text sollte allerdings nicht zu viel Zeit investiert werden. Einer der Anwesenden, ein Student der Ingenieurwissenschaften, wollte daraufhin nicht verstehen, warum der Text von Hume überhaupt noch gelesen werden sollte.

Der Professor seinerseits war wohl der Ansicht, dass wir es bei den Klassikern der Philosophie mit den besten Köpfen vergangener Zeiten zu tun haben. Macht man sich klar, welches *ihre* Fragen waren, dann wird ein lehrreicher Austausch über die Jahrhunderte hinweg möglich.

Im folgenden, schon zitierten Buch finden Sie auch ein empfehlenswertes Kapitel zur Lektüre philosophischer Texte: Jay F. Rosenberg, *Philosophieren. Ein Handbuch für Anfänger.*

Tipps
- Entwickeln Sie ein eigenes System von Markierungen und Zeichen, anhand dessen Sie einen Text während des Lesens strukturieren und Ihrem Gedächtnis besser zugänglich machen können.
- Philosophische Texte sind meistens dialektisch: Sie arbeiten mit Argumenten und Gegenargumenten. Umkreisen Sie die relevanten Verbindungswörter wie «und», «darum», «hingegen» oder «aber», und markieren Sie am Rand die verschiedenen Argumentationsschritte (z.B. mit «1», «2», «3» für eine Serie von Argumenten, «1↓», «2↓» und «3↓» für die entsprechenden Gegenargumente, denen meistens nochmals die Gegen-Gegenargumente folgen: «1↑↓» usw.). Fassen Sie am Schluss eines Kapitels die Argumentationsstruktur in einem Schema zusammen. Es eignet sich dafür unter anderem die *Mind Map*-Technik (Angaben dazu im Internet). Sollten Sie nicht so viel Zeit haben: Fassen Sie zumindest die Hauptaussage(n) des Kapitels in einem Satz zusammen.

- Es lohnt sich, im Hinblick auf eine spätere Diskussion oder Bearbeitung der Texte, wichtige Textstellen mit einer jeweils anderen Farbe oder einem speziellen Zeichen am Rand zu markieren. Zu diesen Textstellen gehören beispielsweise Definitionen von zentralen Begriffen (was meint die Autorin, wenn sie beispielsweise von «Person», «Gerechtigkeit» und «Risiko» spricht?), die von der Autorin gestellten Fragen (viele Texte werden missverstanden, weil man nicht sorgfältig darauf achtet, auf welche Frage dieselbe eine Antwort sind), Zusammenfassungen eines Argumentationsabschnittes (sind oft am Schluss eines Kapitels zu finden und nützlich bei einer späteren Lektüre), Namen von Personen.

5.18 Selbststudium

Unser Buch erlaubt es Ihnen, sich mit wenig Aufwand Grundkompetenzen im Bereich der Ethik anzueignen. Ganz ohne Hilfe Dritter kommen Sie allerdings nicht aus: Es liegt in der Sache selbst, dass Sie auf (kritische) Gesprächspartner angewiesen sind, die Ihnen als Sparringpartner dienen oder Ihnen auf Fallstudien ein Echo geben. Aber keine Angst: An Leuten, die mit Ihnen über moralische Probleme und ethische Fragen diskutieren, mangelt es nie. Setzen Sie sich zum Beispiel einfach in die nächste (Studenten-)Bar …

- Von den obigen Übungen sind einige auch ohne organisierte Lerngruppe möglich. Suchen Sie sich allenfalls einen Gesprächspartner in Ihrem persönlichen Umfeld.
- Bilden Sie mit interessierten Kollegen und Kolleginnen Lese- oder Arbeitsgruppen. Diese können entweder längerfristig zusammenarbeiten oder aber für ganz spezifische Aufgaben zusammenkommen (z. B. um gemeinsam einen Ethikkodex für Ihr Team oder Unternehmen auszuarbeiten).
- Immer mehr lässt sich ethische Kompetenz wie andere Dienstleistungen auf dem freien Markt kaufen. Lassen sie sich von einem Ethikbüro beraten, wenn Sie beispielsweise zu einer eigens erarbeiteten Fallstudie Feedback wünschen oder die Entwicklung eines Ethikkodexes begleiten lassen wollen. Aus dem Großraum Zürich erwähnen wir «ethik im diskurs» (unser Favorit, unter www.ethikdiskurs.ch), die «Stiftung für angewandte Ethik» (www.ethikstiftung.ch) und das interdisziplinäre Institut für Ethik im Gesundheitswesen «Dialog Ethik» (www.dialog-ethik.ch).

6 Abschluss: Gelebte Ethik

6.1 Wie wird man ein guter Mensch?

Sollten Sie, liebe Leserin, lieber Leser, dieses Buch in die Hand genommen haben in der vagen Hoffnung und Vermutung, darin eine wie auch immer geartete Hilfe für die moralische Verbesserung der Gegenwart oder der Menschen zu finden, so werden Sie nach der bisherigen Lektüre enttäuscht sein. Sie werden festgestellt haben, dass Ethik als reflexive und argumentative Kompetenz kaum dazu beiträgt, aus uns bessere Menschen zu machen. Wir werden natürlich durch Ethik bessere Ethiker und Ethikerinnen: Wir werden überlegter handeln und denken, entschlossener auf neue Herausforderungen reagieren und unsere Ansichten und Handlungen uns selbst und anderen gegenüber einsichtiger machen. Dies ist nicht zu verachten. Aber eben: Auch der Teufel überlegt, findet Gründe für sein Handeln, argumentiert und rechtfertigt sein Tun mit großer Akribie, Wissen und Kompetenz … Gute Menschen werden wir also durch Ethik nicht, auch durch Ethik nicht! Wie also wird man wirklich ein guter oder zumindest ein besserer Mensch?

Wir hätten es uns vorstellen können, unser Buch mit dieser Frage enden zu lassen. Ein oft anzutreffender Sachverhalt hat uns aber bewogen, dies doch nicht zu tun. Viele unter uns nehmen nämlich

Auch ästhetisch ansprechend ist als moderne Tugendethik der Band von Matthias Krieg, *Lebenskunst-Stücke für jeden Tag*.

immer wieder wie selbstverständlich eine Reihe der moralischen Probleme unserer Gesellschaft als Folge der Lebensführung einzelner Personen wahr: Politiker und Politikerinnen, Unternehmer und Unternehmerinnen, Manager und Managerinnen, aber auch Wissenschaftler und Wissenschaftlerinnen werden regelmäßig auf so etwas wie «gelebte Ethik» hin befragt. Wir wollen das ernst nehmen und rücken damit vermehrt Fragen einer Tugendethik ins Zentrum: «Welcher Mensch will ich sein?» und «Was für Menschen sollen wir sein?».

Es folgen zu ein paar ausgewählten Themen Überlegungen, die persönlicher gefärbt sind als die vorangehenden Kapitel – wie immer in der Absicht, Sie dadurch in Ihrem eigenen Denken anzuregen.

6.2 Selbstständig denken

Eine zentrale Voraussetzung jeder gelebten Ethik besteht zunächst einmal im Mut, selbstständig zu denken. Rationale und wohl begründete Entscheidungen werden wir nur dann fällen können, wenn wir uns die Probleme gründlich überlegt haben, ohne uns schon von vornherein auf noch so wohlmeinende Autoritäten abzustützen. Praktische Philosophie der Aufklärung hatte immer den Anspruch und machte die Zumutung: Wage es, deine Vernunft selbstständig einzusetzen. Dem selbstständigen Denken entspricht die Selbstsorge. Als Individuen wie als Gruppe sind wir verantwortlich für die Art und Weise unserer Lebensführung, das heißt für ein selbstständig und eigenverantwortlich geführtes Leben als moralische Subjekte:

- Welches Leben will ich oder wollen wir leben? Thema ist die Evaluation dessen, was für uns wirklich und aufgrund überzeugender Argumente gut ist. Es bedarf dazu einer Distanzierung von unseren unmittelbaren Wünschen, Ängsten oder Bedürfnissen.
- Welche Möglichkeiten habe ich oder haben wir? Thema ist eine realistische Selbst- und Welterkenntnis. Es bedarf dazu aber auch der in die Zukunft gerichteten Phantasie, sich alternative Handlungs- und Lebensmöglichkeiten zu bestehenden Verhältnissen vorzustellen.
- Was kann ich oder was können wir dafür tun? Thema ist die Umsetzung und das Leben dessen, was wir moralisch für richtig oder gut erkannt haben. Es bedarf dazu der Arbeit an sich, um ein selbstständiges Subjekt des Handelns zu werden.

Früher galt es gelegentlich, sich gegen Kirchen und ihre Vertreter abzusetzen, um zu einem selbstständigen ethischen Urteil zu gelangen. Diese Zeiten sind allerdings vorbei. Wo finden sich heute Autoritäten, von denen wir uns emanzipieren müssen? Wo sind wir aktuell dem *group-think* unserer *peer groups,* dem moralisch Unhinterfragten und seinen Moden ausgesetzt? Zwei Themenbereiche nennen wir, in denen uns gegenwärtig das selbstständige Denken besonders schwer zu fallen scheint.

6.2.1 Ökonomisierung der Lebenswelt: Von den Kosten gelebter Ethik

Einen großen Druck üben Konzepte und Personen auf uns aus, welche eine durchgängige Ökonomisierung unserer Lebenswelt befürworten. Viele Ratgeber betonen, wie wichtig es sei, individuelle oder kollektive Entscheidungen nur aufgrund vorhergehender Kosten-Nutzen-Analysen zu fällen. Im Falle von Entscheidungen in der Wirtschaftswelt ist das natürlich selbstverständlich. Aber es lässt sich empirisch zeigen, dass auch Familien- oder Liebesbeziehungen oder wissenschaftliche Karrieren (bewusst oder unbewusst) solchen Konzepten folgen. Biographien werden häufig so konzipiert: Was bringt mir diese oder jene Beziehung, Ausbildung oder Reise? Ist sie karriereförderlich oder nicht? Kann ich mit den entsprechenden Handlungen den Nutzen für mich optimieren oder nicht? Nützen oder schaden sie meiner Reputation?

Wir behaupten hier nicht, dass solche Analysen verkehrt wären. Aber wo sind ihre Grenzen? Sollen und wollen wir wirklich immer unsern Nutzen optimieren? Was verstehen wir denn eigentlich unter Nutzen? Welche monetären oder andern Kosten sind ethisch zumutbar, ohne dass nach ihrem Nutzen gefragt wird? Gibt es Situationen oder Probleme, in denen Kosten-Nutzen-Analysen versagen? Diese Fragen zumindest zu stellen, gehört zu den zentralen Voraussetzungen gelebter Ethik.

> Kosten-Nutzen-Analysen sind in vielen Lebensbereichen unabdingbar, um erfolgreich handeln zu können. Moralische Pflichten andern gegenüber gebieten es gelegentlich, auf entsprechende Erfolge zu verzichten.

6.2.2 Fremdbestimmung durch Experten am Beispiel des Gesundheitswesens

Es ist bezüglich unseres Alltags vor allem eine Gruppe von Experten und Expertinnen, die uns heute überdeutlich sagt, wie wir unser Leben zu führen haben. Ernährungsberaterinnen, (Präventiv-)Medizinerinnen und Dentalhygienikerinnen – selbstverständlich auch deren männliche Kollegen – ermahnen uns tagtäglich: Iss dies oder jenes nicht, tu dies oder das nicht, putz die Zähne fleißig. Es gibt kaum noch Bereiche menschlichen Lebens, in denen man so deutlich zu sagen bekommt, wie ein rechtes Leben zu führen sei. Und wir glauben diesen Expertinnen und ihren männlichen Kollegen! Natürlich gibt es gute Gründe, das zu tun. Schließlich haben sie Fachausbildungen hinter sich, die unser Vertrauen rechtfertigen. Aber kein Philosoph, gar nicht zu reden von Pfarrerinnen, nimmt heute die moralische Autorität in Anspruch, welche wir Experten des Gesundheitswesens zutrauen. Woher kommt das? Ist es unsere Angst vor Krankheit, körperlichem Zerfall und Tod?

Betrachten wir etwa unser Verhältnis zu den Ärzten und Ärztinnen im Krankheitsfall: Sie tun ihr Bestes, aber dennoch sollten wir versuchen mitzudenken und ihnen auch gelegentlich eine kritische Frage stellen. Können wir das aus Schwäche, Resignation oder Verzweiflung nicht mehr, ist es vorteilhaft, wenn wir Familienangehörige oder Bekannte haben, die das stellvertretend für uns tun. Wir sollten uns dabei allerdings schützen vor den vielen guten Ratschlägen, die uns unsere Freunde und Bekannten geben wollen. Sie meinen es zwar gut, aber wir müssen selbst den Weg einer Krankheit gehen.

> Natürlich meinen es die Gesundheitsexperten und -expertinnen gut mit uns. Mitdenken und kritisches Rückfragen sind aber unabdingbar, um selbstständig verantwortete und nicht bloß fremdbestimmte Entscheidungen zu treffen.

6.3 Die moralische Versuchung unserer Zeit: Folge nur deinem Herzen!

Vor allem die psychologische Ratgeberliteratur zum Thema Lebensführung ist im letzten Jahrzehnt sozusagen explodiert. Tausende von Büchern und andern Medien versuchen das Vakuum unserer Sinn- und Orientierungssuche aufzufüllen und unsere Sehnsucht nach Ganzheit zu bedienen. Auch ansonsten knallharte Manager sind hier durchaus anfällig.

Nachdem äußere Autoritäten immer fragwürdiger werden, scheint nur noch der Weg nach innen gangbar. Der Held Santiago in Paulo Coelhos Roman «Der Alchimist» unternimmt zwar eine weite Reise, aber diese ist, ausgehend von einem Traum, primär eine Reise ins eigene Selbst. Wie auch bei Susanna Tamaros «Geh, wohin dein Herz dich trägt» – einem weiteren Bestseller des letzten Jahrzehnts – steht im Zentrum das Hören auf eine innere Stimme, welche den richtigen Weg weist. Was in beiden Romanen auffällt, das ist eine Psychologisierung und Subjektivierung der Frage nach dem gelingenden Leben. Neben der Ökonomisierung unserer Lebenswelt ist es diese Psychologisierung, die das Fragen nach dem gelingenden Leben und dem richtigen Handeln in unserem Alltag am meisten verändert hat. Es sind nicht mehr moralische Prinzipien oder das Einüben bestimmter Tugenden, welche das Leben glücken lassen. Es wird stattdessen gebetsmühlenhaft wiederholt, man müsse das tun, «was für einen selbst stimmt», also seinem Herzen folgen.

Richtig ist an diesen Ansätzen, dass Ethik ohne Berücksichtigung unserer Intuitionen und Gefühle abgehoben und lebensfremd wird. Das Ideal, nur der Vernunft zu folgen, ist eine Kopfgeburt. Rationale Überlegungen allein werden Menschen kaum je handeln, geschweige denn ein sinnvolles Leben führen lassen. Aber ist es auch richtig, klassische Tugenden wie intellektuelle Redlichkeit oder generell rationale Standards im Hinblick auf unsere Lebensführung aufzugeben? Viele Lebensratgeber, vor allem mit spirituell-esoterischer Ausrichtung, fordern das sogar explizit. Demgegenüber halten wir mit der ganzen Tradition daran fest, dass Ethik eine rationale und intersubjektive Dimension hat. Wir sind in der Frage nach dem richtigen Handeln und dem gelingenden Leben nie allein. Wir sind dazu immer schon auf den Diskurs mit andern Menschen angewiesen. Und zudem ist der – natürlich kritische – Rekurs auf die Ethik- und Weisheitstraditionen unverzichtbar, um zu einer gut abgesicherten ethischen Überzeugung zu gelangen.

Die gemeinsam mit andern und mit kritischem Rekurs auf die Tradition verantwortete Frage «Worauf wollen wir uns vernünftigerweise verbindlich einigen?» ist bezüglich der Frage nach dem richtigen Handeln und dem gelingenden Leben zwar nie definitiv beantwortbar. Aber wir müssen sie dennoch stellen. Denn unser Leben ist zu kostbar, und die moralischen Probleme unserer Gesellschaft sind zu komplex, um sie den Stimmungen, Schwankungen, ja manchmal Wahnideen unseres Herzens allein zu überlassen.

> Ethik ohne Berücksichtigung unserer Intuitionen und Gefühle ist abgehoben und lebensfremd. Ethik ohne intersubjektiven Diskurs gemäß rationalen Standards ist unverbindlich und trügerisch.

6.4 Angewiesensein auf die andern: Voraussetzungen menschlichen Handelns

Alasdair MacIntyre, *Die Anerkennung der Abhängigkeit. Über menschliche Tugenden.*

Zur gelebten Ethik gehört allerdings mehr als nur das selbstständige Denken und das eigenverantwortliche Leben als moralisches Subjekt. Ohne unsere Umgebung, ohne unsere Familien, ohne unsere Bekannten und Freundinnen, ohne unser soziales Netzwerk könnten wir nicht leben. Nicht nur unsere soziale, sondern auch die natürliche Umwelt stellt uns Ressourcen zur Verfügung, aufgrund deren wir erst zu selbstständig moralisch Handelnden werden können. Wirklich als selbstständiges moralisches Subjekt leben kann also nur, wer anerkennt, dass er dabei auf seine Umgebung angewiesen ist. Die adäquate Form der Anerkennung dieser Angewiesenheit ist die Dankbarkeit gegenüber den andern. Sie, und nicht abstrakte moralische Prinzipien, ist wohl auch der eigentliche Beweggrund, der uns moralische Pflichten gegenüber andern Menschen anerkennen lässt.

Einzelne Positionen neuzeitlicher Ethik standen oder stehen in der Gefahr, diesen Sachverhalt zu überspielen. Das Resultat sind Bilder vom moralischen Subjekt, die unrealistisch sind: Wir sind keine nur auf eigenen Füßen stehende, völlig autonome und rationale Wesen, die alles unter Kontrolle haben. Das kann darum auch nicht das Ziel einer gelebten Ethik sein. Zu einer menschengerechten Ethik gehört das Wahrnehmen unseres Angewiesenseins auf andere und auch die Natur. Ganz besonders deutlich wird das, wenn wir körperlich oder psychisch schwach oder sogar krank sind. Ohne die Liebe, den Beistand und die Fürsorge anderer Menschen wäre unser Leben dann nur schwer zu ertragen. Aber auch Manager, Wissenschaftler, Politiker und andere Macher in unserer Gesellschaft sind bei ihren Tätigkeiten substanziell auf andere angewiesen. Glaubwürdig sind sie nicht zuletzt dann, wenn sie diesen Sachverhalt gebührend würdigen – in ihrer Kommunikation, in ihrem Verhalten andern gegenüber und in dem, was sie (an Geld oder Reputation) für sich selbst beanspruchen.

> Gelebte Ethik ist nicht zuletzt Anerkennung des Sachverhaltes, dass wir in unserem Handeln immer von andern abhängig sind.

6.5 Grenzen unserer Handlungsmacht

Und zum Schluss noch dies: Es gibt Situationen – man verdrängt sie häufig –, in denen wir auf Welt- oder Lebensbestände stoßen, die schlechterdings nicht in unserer Handlungsmacht liegen. In andern Fachbereichen nennt man entsprechende Sachverhalte Kontingenzen. Wir sprechen vom Unverfügbarem, das durch menschliches Handeln weder beeinflussbar noch veränderbar ist (z. B. Naturgesetze, aber auch kulturell-technisch oder biographisch gegebene Grenzen der Handlungsmacht zu einem bestimmten Zeitpunkt). Wer jede Form so verstandener Unverfügbarkeit kognitiv oder technisch zurückdrängen will – wozu wir gerade in der Moderne gerne tendieren –, blendet aus, dass moralische Subjekte immer schon positiv oder negativ von Unverfügbarem abhängig sind.

Eigentlich ein Ärgernis für eine Theorie und Praxis selbstständiger moralischer Subjekte ist die Tatsache, dass wir das erwähnte Unverfügbare auch in Bezug auf uns selbst konstatieren müssen. Wer kennt nicht die Situationen, in denen er oder sie eigentlich wüsste, was moralisch zu tun wäre, es aber – warum auch immer – nicht tut, nicht tun kann oder sogar das Gegenteil dessen tut, was gut wäre? Unser Wille ist nicht immer so stark und gut, wie es das Bild vom selbstständigen moralischen Subjekt suggeriert. Hier, aber auch dort, wo wir dem Bösen begegnen (Menschen und soziale Strukturen, die schlechterdings nicht auf Ethik ansprechbar sind), stoßen wir an die Grenzen der Ethik.

Nötig ist darum neben der Arbeit an einer gelebten Ethik eine Kultur des Umgangs mit dem Unverfügbaren. Hier setzen wir uns in ein nichttechnisches und nichtoperatives, ja auch in ein nicht einmal moralisches Verhältnis zum Unverfügbaren. Wir stoßen damit an die Grenzen einer normativen Ethik und betreten das Gebiet einer philosophischen oder sogar religiösen Lebenskunst. Themen wie Gelassenheit, Sinn, Gnade, Hoffnung, Weisheit und Glaube sind hier angesiedelt.

> Es gibt Grenzen menschlichen Handelns, denen wir im Kontext einer Kultur des Umgangs mit dem Unverfügbaren Rechnung tragen müssen.

Dass es Grenzen menschlichen Handelns und damit Grenzen der Ethik gibt, ist nicht nur bedauerlich. Unverfügbares kann zwar negativ auftreten – so wenn Menschen Naturkatastrophen ausgesetzt sind, wenn für bestimmte Krankheiten keine Medikamente zur Verfügung stehen oder wenn Märkte und Börsen ohne Steuerungsmöglichkeit zusammenkrachen. Und spätestens der Tod setzt unserem Handeln eine definitive Grenze. Solche und ähnliche Sachverhalte auszublenden, würde uns blind und unrealistisch in Bezug auf die wirkliche Situation machen, innerhalb der unser Handeln stattfindet.

Unverfügbares kann aber auch positiv auftreten – so wenn wir beim Hören von Musik abtauchen, ein gelungenes Festessen erleben, vor einer Landschaft staunen oder wenn ein anderer Mensch uns seine Liebe schenkt. Gerade als moralische Subjekte sind wir getragen von vielerlei Beziehungen, Ereignissen und Umwelten, deren Wirkungen auf uns wir zunächst einmal nur empfangen können. Der so eröffnete Blick über die Grenzen unserer Handlungsmacht hinaus macht deutlich: Es gibt Dimensionen menschlichen Lebens, in denen wir nicht nur nicht mehr als moralische Subjekte tätig sein können, sondern es auch nicht mehr sein müssen. Geben wir dem in unsern Leben genügend Raum? Ohne solche *time-outs* von Moral und Ethik wäre menschliches Leben jedenfalls recht anstrengend, sozusagen morallastig. Wir plädieren demgegenüber für ein entspanntes Ethikverständnis, das eingebettet ist in eine dankbare Lebenslust der moralischen Subjekte.

Literaturverzeichnis

Wir führen hier einige der für unser Buch zentralen und aktuellen Texte auf. Einige wurden schon im Verlaufe unseres Textes erwähnt. Aufgeführt sind auch zusätzliche Bücher, die wir für informationsreich und lesenswert halten. Die in Abschnitt 2.1.9 «Acht wichtige Ethiker» erwähnten klassischen Werke finden Sie in jeder wissenschaftlichen Bibliothek oder Buchhandlung.

Becker, Lawrence C./Becker, Mary/Becker, Charlotte B. (eds): Encyclopedia of Ethics. 3 Volumes. New York 2001

Birnbacher, Dieter/Hoerster, Norbert (Hrsg.): Texte zur Ethik. München 2003

Düwell, Marcus (Hrsg.): Handbuch Ethik. Stuttgart 2002

Eisenhut, Peter: Aktuelle Volkswirtschaft. Ausgabe 2002/2003, Chur 2002

Frankena, William K.: Analytische Ethik. Eine Einführung. München 1994

Habermas, Jürgen: Erläuterungen zur Diskursethik. Frankfurt 1991

Höffe, Otfried: Moral als Preis der Moderne. Ein Versuch über Wissenschaft, Technik und Umwelt. Frankfurt 1993

Höffe, Otfried: Lexikon der Ethik. München 2002

Kälin, Walter: Grundrechte im Kulturkonflikt: Freiheit und Gleichheit in der Einwanderungsgesellschaft. Zürich 2000

Krieg, Matthias (Hrsg.): Lebenskunst-Stücke für jeden Tag. Zürich 1999

MacIntyre, Alasdair: Der Verlust der Tugend. Zur moralischen Krise der Gegenwart. Hamburg 1995. Englischer Originaltitel: After Virtue. A Study in Moral Theory, London 1981

MacIntyre, Alasdair: Die Anerkennung der Abhängigkeit. Über menschliche Tugenden. Hamburg 2001

Nida-Rümelin, Julian (Hrsg.): Angewandte Ethik. Die Bereichsethiken und ihre theoretische Fundierung. Ein Handbuch. Stuttgart 1996

Nida-Rümelin, Julian/Schmidt, Thomas (Hrsg.): Rationalität in der praktischen Philosophie – Eine Einführung. Berlin 2000

Pfeifer, Volker: Ethisch Argumentieren. «Was ist richtig, was ist falsch?». Ethisches Argumentieren anhand von aktuellen Fällen. Bühl 1997

Pieper, Annemarie: Glückssache. Die Kunst, gut zu leben. Hamburg 2001

Pieper, Annemarie/Thurnherr, Urs: Ethik. Eine Einführung. München 1998

Rawls, John: Eine Theorie der Gerechtigkeit. Frankfurt 2001. Englischer Originaltitel: A Theory of Justice. Cambridge MA 1971

Rosenberg, Jay F.: Philosophieren. Ein Handbuch für Anfänger. Frankfurt 2002

Schaber, Peter/Wolf, Jean-Claude: Analytische Moralphilosophie. Freiburg/München 1998

Schleichert, Hubert: Wie man mit Fundamentalisten diskutiert, ohne den Verstand zu verlieren. Anleitung zum subversiven Denken. München 2001

Singer, Peter (ed.): A Companion to Ethics. Oxford 1993

Singer, Peter: Praktische Ethik. 2., revidierte und erweiterte Auflage, Stuttgart 1994. Englischer Originaltitel: Practical Ethics. Cambridge 1979

Sterba, James P. (ed.): Ethics: The Big Questions. Oxford 1998

Taylor, Charles: Quellen des Selbst. Die Entstehung der neuzeitlichen Identität. Frankfurt 1999

Thomson, Anne: Argumentieren – und wie man es gleich richtig macht. Stuttgart 1996

Tugendhat, Ernst: Vorlesungen über Ethik. Frankfurt 2001

von Kutschera, Franz: Grundlagen der Ethik. 2., völlig neu bearbeitete Auflage, Berlin/New York 1999

Williams, Bernard: Ethik und die Grenzen der Philosophie. Hamburg 1999

Stichwortverzeichnis

A

Abmachung 28
   gerechte 28
abstrakte Normen 51
Abtreibung 34, 51–52, 54, 64, 76
Adam und Eva 114
Agro-Unternehmen 60
Aids 45
akademische Ethik 15, 19, 31, 75
Akzeptieren «falscher»
   Abstimmungsresultate 52
«Alchimist» 125
Alkoholkonsum 49
allgemeingültiges Urteil 22
Allgemeingültigkeit 27–28, 63
Allgemeinheitsgrad 24
Altersheim 66
Altes Testament 92
Analogie 62
Analyse 37, 123
   des Ist-Zustandes 83
   ethische 106
   Kosten-Nutzen-Analyse 40
analytische Philosophie 31
angewandte Ethik .. 26, 33–34, 75, 91
Angewiesenheit 125–127
Angst 67, 95, 98, 122, 124
Annahme, normative und faktische . 66, 117
Anreiz 41, 43, 45
   -strukturen 41
   -system 43

Anspielung 66
Anthropozentrismus 82, 88, 96
Antisemitismus 94
Antwort, richtige 39
anything-goes-Moral 14
apokalyptischer Stil 31
Aporie der Reflexion 37
Arbeitsgruppe 119
Argument
   ad hominem 1 60
   ad hominem 2 61
   ad temperantiam 62
   Bausteine 66
   Beschäftigungsargument ... 87, 90
   Dammbruch-Argument 59
   deontologisches 88
   der offenen Frage 31
   Differenzierungsargument 62
   Eigenwertargument 87, 89
   Gegenargument 57
   Gerechtigkeitsargument ... 87, 89
   gutes 47, 53
   historisch-genetisches 63
   Klimaschutzargument 87, 90
   konsequenzialistisches 88, 90
   korrektes 55
   Macht des besseren 38
   Minderheitenargument 86, 89
   populistisches 52
   rationales 53
   rechtliches 87, 89, 92

Argument (Forts.)
  religiöses 87, 89–90
  Rentabilitätsargument 87–88
  Reversibilitätsargument 87, 89
  «Schwarze-Schaf»-Argument ... 60
  Slippery slope-Argument 72
  Tu-quoque-Argument 60
  Überzeugungskraft 53
  Versorgungsargument 87–88
Argumentation 50, 55, 62, 65, 107
  Anerkennung der besseren 22
  ethische 22, 47, 49–51
  logische Form 54
  Rekonstruktion 58, 69
  Schwachstellen 66
  Struktur 70
  Techniken 59
  Widerspruch in der 71
Argumentations-
  -aufbau 65, 71
    Rekonstruktion 66
  -mittel 72
  -schritte 55
  -stränge 57, 111
  -strategie 65, 67
  -struktur 118
  -zusammenhang 58
Aristoteles 29–30
Armut 33
Ärzte 76–77
Atomenergie 33, 75, 82
Aufklärung 27, 64, 79, 122
Ausbildung 9
Auseinandersetzung 58
Ausgrenzung 101
Aussage 61
  nichtnormative 30
  normative 20
  Schöpfungsaussage 90
  «Wenn-dann»- 83
Außerirdische 113
Autonomie 33, 70, 73, 126
  Frau 34
  Patientenautonomie 76
Autorität 26–27, 34, 60, 123

Bankkundengeheimnis 81
basic needs 82, 88, 90
Bau eines thermischen Kraftwerks .. 21
Bayes-Kriterium 40
Bedeutung (von Wörtern) 55, 73
Bedeutung, strategische 52
Bedürfnisse 31, 82, 122
  nach moralischer Orientierung .. 35

Begründung 70
  ethische 22
  Letztbegründung 50, 56, 58
  rationale 51
Begründungsebene 36
Begründungsmodelle 23
Beispiel
  Akzeptieren «falscher»
    Abstimmungsresultate 52
  Bau eines thermischen
    Kraftwerks 21
  CO_2-Gesetz 43
  Emissionszertifikate 44
  Fall Nicolas Perruche 77
  Forderungen nach Reparation
    für die Sklaverei (USA) 80
  Keimbahnintervention am
    Menschen 78
  Klonen von Embryonen 60
  Lenkungsabgabe auf
    Tierversuchen 43
  Mord in der Schokoladefabrik ... 64
  Nichtableitbarkeit des Wortes
    «gut» 31
  NZZ Leserbrief 67
  rechte oder linke Straßenseite ... 28
  Steuerhinterziehung und Kapital-
    flucht deutscher Staatsbürger
    in die Schweiz 81
  tierliebende Diktaktoren 63
  Tod unschuldiger Personen 26
  Umgang mit dem Lebensende ... 34
  Verbot des naturalistischen
    Fehlschlusses 27
  Wölfe im Wallis 83
Bentham, Jeremy 30
Bereichsethik 33, 75
Berichterstattung 45
Beschäftigungsargument 87, 90
Bescheidenheit 58
best account principle 50, 61
betäubungsfreies Schlachten 95
Beurteilungskriterien 28
Bevormundung 76
Beweis 48
  -last 60, 64, 70
Bioethik 32, 77
Biowissenschaft 77
Biozentrismus 82, 88, 91
Birnbacher, Dieter 32
Börse 128
böse Menschen 127
Böse, das 114, 127
Bringschuld 58
Bürgerrechte 52
Bush, George W. 91

Stichwortverzeichnis

C
Cannabis 79
Charakterzüge 24–25, 29–30
Christlichdemokratische Volkspartei (CVP) 103
Clean Water Act 87, 92
Clinton, Bill 91
Club of Rome 75
CO_2 ..... 44, 82
   -Gesetz 44
CO_2-Gesetz 43
code of conduct 14, 39, 42, 115, 119
Coelho, Paulo 125
Columbia River 85, 92

D
Dammbruch-Argument 59
Dankbarkeit 126, 128
«Dead Man Walking» 62
Debatte, öffentliche 26, 39
Deklarationspflicht 102–103
Demokratie 38–39, 44, 52, 117
   direkte 52
   -prinzip 39, 52
Demut 95
deontologische Ethik 25–26
   Probleme 26
deontologisches Argument 88
deskriptive Ethik 23
deskriptives Urteil 20
Deutung 50
Deutungsebene 36
Deutungskontext 36
Deutungskraft 50
Diagnostik 78
Differenzierungsargument 62
Dilemma 37
Diskriminierung 45, 78, 100–103
   Definition 100
Diskriminierungsverbot 101, 103
Diskurs 51, 59
   Ebene 56–57
   ethischer 41, 44, 47–48, 50, 55, 64, 113
   gesellschaftlicher 38
   Struktur 56
Diskursivität 22
diskursiv-rhetorisches Wissen 58
Diskussionsforum 111
Dissens 51–52
Dritte Welt 33
Düwell, Marcus 20

E
Eigenwert 81–82, 87–88, 99
   -argument 87, 89
   Leben 82
Eindeutigkeit 64
Einfachheit 50
Einfühlungsvermögen 58
Einsicht, moralische 113
Einwanderung, Einwanderer 36
Elektrizität 85, 88, 92
Embryon 36, 60, 76
Emissionszertifikate 44
Emotion 29, 125–126
emotionale Orientierung 28
Empfindung, moralische 32
Empirie 91
empirische Wissenschaft 20
Empörung 30, 45
   moralische 28
Endangered Species Act 87
Energieknappheit 91
Entität, natürliche 81
Entlassung 34
Entrüstung 30
Entscheidung 122–124
   politische 39
Entscheidungs-
   -findung 39
   -hilfen 38
   -prozess 37–38
   -theorie 40
   -verfahren 51–52
Erbmaterial 77
Erfahrung 19
Erkenntnis 32
   -gewinn 50
Erklärungskraft 50
Erziehung 29, 37
Ethik 58, 114, 126, 128
   akademische 15, 19, 31, 75
   angewandte 26, 33–34, 75, 91
   Begründung 27
   Bereichsethik 33, 75
   Bioethik 32, 77
   Definition 15, 20
   deontologische 25–26
   deskriptive 23
   Diskurs 41, 44, 47–48, 55, 64, 113
   feministische 24
   gelebte 11, 121–122, 126, 128
   Genethik 77
   Gesinnungsethik 26
   Grenzen 128
   Hofethik 15
   in der Gesellschaft 13, 23
   Instanzen 26
   Klugheitsethik 24
   konsequenzialistische 25–26, 30, 40, 42
   Kosten 17, 41, 123
   Medienethik 75
   Medizinethik 27, 76–77

Ethik (Forts.)
  Metaethik 23, 31, 48
  moderne 35, 115
  narrative 24
  Nikomachische 29
  normative .. 17, 20, 23, 26, 84, 128
  philosophische 29, 45
  politische 52, 78, 84, 92
  Prinzipienethik 24, 95
  Quellen 26
  Rechtsethik 75, 93
  säkulare 29
  Sozialethik 36
  systematische 29
  Technikethik 75
  teleologische 25–26, 29
  Tierethik 32, 75
  time out von 128
  Tugendethik 24–27, 29, 45, 95, 122
  Umweltethik 81, 84
  utilitaristische 25, 30
  Verantwortungsethik 26, 90
  vertragstheoretische 32
  Voraussetzungen 20
  Wirtschaftsethik 80
  Wissenschaftsethik 75
  Zuständigkeit 11
Ethik-
  -bedarf 35
  -beratung 115, 119
  -bücher 10, 20
  -debatte 109
  -kodex 14, 39, 42, 115, 119
  -kommission 37, 108
  -kompetenz 10
  -konzept 13
  -verständnis 33, 48, 84, 128
Ethiker 29, 58
  Aufgaben von Ethikern 37
ethische Analyse 106
ethische Argumentation . 22, 47, 49–51
ethische Begründung 22
ethische Fragestellung 83
ethische Reflexion 17, 22–23, 37
ethische Wahrheit 50
ethischer Konflikt 56
ethisches Urteil 38, 116
Eugenik 78
Euthanasie 67
Evolution 63
Experten 37–38, 67, 124
  -dilemma 37
extreme Position 62

F
Fairness 21, 40, 52, 79, 82, 89
Fall Nicolas Perruche 77
Fallstudien 23, 84, 116
Familie 35, 124, 126
Fehlschluss, naturalistischer 27–28, 82
feministische Ethik 24
Finanzdienstleistungsbranche ... 20, 81
Finanzplatz Schweiz 81
Fischereirecht 85
Fleisch 93–94, 100, 103
  Halalfleisch 93
  -konsum 102
  koscheres 93
Föderalismus 52
Folter 26
*Forderungen nach Reparation für
  die Sklaverei (USA)* 80
Forellen 85
Forschung 76
  an Embryonen 36
Fortschritt 15, 31, 33, 75
Fragestellung
  ethische 83
  genetische 78
  medizinethische 77
  politikethische 80
  umweltethische 83
  wirtschaftsethische 81
Franco, General 63
Frau 55
  Autonomie 34
  Konvention gegen die
    Diskriminierung 45
  schwangere 51
Freiheit 20, 28, 30–31, 36, 73, 79
  Recht auf 97
Freisinnig-Demokratische Partei
  (FDP) 103
Freiwilligkeit 39
Freunde 124, 126
Frodo Beutlin 112
Fuchsjagd 62
Fundamentalismus 59, 64
Fußballspieler 20

G
Garantie der Umsetzung 37
Gebot 24
Gefühl 28
Gegenargument 57
Gelassenheit 58
Geldwäscherei 81
gelebte Ethik .. 11, 121–122, 126, 128
Generationen, zukünftige ... 14, 32, 82
Genethik 77

genethische Fragestellung 78
Gentech-Food 60, 110
Gentechnologie 15, 25, 60, 77–78
gerechte Abmachung 28
gerechte Institution 78
gerechter Vertrag 28
Gerechtigkeit .. 20–21, 24–25, 28, 34, 36, 39, 52, 55, 73
   als Fairness 79
   Definitionen 78
   intergenerationelle 82
   internationale 77
   Theorie der 24
   Verteilungsgerechtigkeit 79
   von Entscheidungsprozessen ... 38
   von Gesellschaftsordnungen ... 32
   von Institutionen 34
Gerechtigkeitsargument 87, 89
Gerechtigkeitssinn 58
Geschichte 21, 33, 52, 83
Geschichten 24, 62, 105, 113
Gesellschaft ... 22, 24–25, 67, 73, 79, 126–127
   Industriegesellschaft 36
   moderne . 19, 33, 35–36, 40–41, 79
   Normen 38
   Wissensgesellschaft 36
gesellschaftliche Identität 101
gesellschaftlicher Diskurs 38
Gesellschaftsordnung 32
   Grundsätze 32
Gesetz 59, 80, 95
   Humes 30
   Naturgesetz 30, 127
Gesinnung 25
Gesinnungsethik 26
Gesundheit 41–42, 48, 76
Gesundheitsexperten 124
Gesundheitspolitik 49, 76
Gesundheitswesen 124
Gewaltentrennung 39
Gewaltmonopol 42
Gewissen 35, 37
Gewissenskonflikt 34
Glaubwürdigkeit . 36, 58, 80, 112, 127
Gleichgewicht, reflektives 50–51
Gleichheitsgebot 24, 79
Gleichnis 62
Glück 25, 29–31
Goldene Regel 24
goldener Mittelweg 62
Gott 26–27, 29, 34, 36, 88
   Autorität 27
   Existenz 27

Grenzen
   der Handlungsmacht 128
   des Machbaren 15
   des Wachstums 75
   staatlicher Macht 31
Grundsätze der
   Gesellschaftsordnung 32
Grundwerte 38, 84
«Gullivers Reisen» 114
gut 9, 20, 27–28, 30–31, 49, 52, 55, 61, 65, 76, 122, 127
   Argumentation 52
   außermoralische Bedeutung 21
   Mensch 10, 37, 121
gute Argumentation 52
Gute, das 20–21, 29, 114
Güter 25
   -abwägung 37, 43, 82, 84, 90, 94–96
gutes Argument 47, 53
gutes Leben ... 20–21, 26, 29, 33, 45, 79, 81, 122, 125–126

H

Halalfleisch 93
Haltung, persönliche 24
Handeln mit negativen Effekten 44
Handeln, politisches 38, 78
Handeln, richtiges . 20, 25–26, 33, 45, 125–126
Handlungs-
   -alternativen 36, 40
   -anweisungen 95
   -macht 127–128
   -normen 95
   -optionen 25, 36, 52, 82, 84, 95
   -orientierung 23
   -regulierung 38
   -spielräume 9, 20, 34–35
«Herr der Ringe» 112
Heteronomie 26
Heuristik der Furcht 31
historisch-genetisches Argument ... 63
Hitler, Adolf 60, 63
Hoerster, Norbert 32
Hofethik 15
Höffe, Otfried 20, 35
Holismus 82
Holschuld 58
Homosexualität 36
Hume, David 29, 118
Humes Gesetz 30
Hungerproblem 77

I

Identität 34, 36, 96
    gesellschaftliche 101
    soziale 36
Identitätsfrage 36
Image der Schweiz 94
Imperativ, kategorischer 24, 27, 30
Implementierung 33, 41–42, 80, 83–84, 91, 115
Kosten 17
Kriterien 41
implizite Prämisse 71
Indianer 85–86, 88–89
Individuum 22, 28, 44, 79–80
Industriegesellschaft 36
Infantizid 37, 64
Information, objektive 48
Innovation 17
    wirtschaftliche 77
Instanz 26
    von moralischen Urteilen 28
Institution 80
    gerechte 34, 78
    traditionelle 35
Interessen 35, 83
    -befriedigung 31
    Erfüllung 25
    -konflikte 34
    Selbstinteressen 22
    vergleichbare 32
intergenerationelle Gerechtigkeit . . . 82
internationale Gerechtigkeit 77
Internet 111
    -recherche 86
Interpretation, polemische 71
Interpretationsspielraum 70
intersubjektives Urteil 28
Intersubjektivität 22, 37
Intuition . . . 10, 20–23, 28, 37, 51, 84, 125–126
    moralische 28, 50, 62
ironische Überbietung 61
Islam 92, 95
Ist-Zustand 83

J

Jagd 99
Jonas, Hans 31
Judentum 92, 95
juristische Maßnahmen 42

K

Kälin, Walter 93, 100
Kampagnen 45
Kant, Immanuel 24, 27, 29–30
Kartoffel, Angst vor 110
Kastration 100
kategorischer Imperativ 24, 27, 30
Katholiken 36
Katze, gequälte 51, 96
Keimbahnintervention 76, 78
Kirche 123
Kleinanleger 81
Klimaerwärmung 16
Klimaschutzargument 87, 90
Klon 37, 42, 59–60, 76, 79
Klonen von Embryonen 60
Klugheitsethik 24
Kohärenz 51
kollektive Präferenzen 38
Koma 76
Kommunitarismus 79
Komplexitätsreduktion 84
Konflikt 37
    ethischer 56
    -felder 83
    Gewissenskonflikt 34
    in der Unternehmensführung . . . 34
    Interessenkonflikt 34
    Kulturkonflikt 36
    moralischer 34–35, 53, 84, 88
    Nord-Süd-Konflikt 34
    ökologischer 34
    sozialer 38
    Wertekonflikt 84, 93
Konfusion 31
Konklusion 54
Konkurrenz 64
Konsens 51
konsequenzialistische Ethik . . . 25–26, 30, 40, 42
    Probleme 26
konsequenzialistisches Argument 88, 90
konservativer Mensch 51
Konsistenz 22, 50
Kontingenz 127
Kontrollmöglichkeiten 42
Konvention gegen die Diskriminierung der Frau 45
Kopfsalat 114
Koran 92
korrektes Argument 55
koscheres Fleisch 93
Kosten
    der Ethik 17, 41, 123
    -gerechtigkeit 91
    -Nutzen . . . 40, 44, 80–81, 88, 123
    -wahrheit 91
    Wiedergutmachungskosten 43
Kraftwerk 90
Krankheit 76, 78, 124, 128
Krieg, Matthias 122
Kriterien
    Bayes-Kriterium 40
    Beurteilungskriterien 28

der Wahrheit 50
Implementierung 41
Maximaxkriterium 40
Maximinkriterium 32, 40
rationale 53
Kritik 70
der praktischen Vernunft 30
Politik 39
kritische Reflexion 22, 37
Kultur 21, 33, 36
-hilfe 79
-konflikt 36
Kutschera, Franz von 30

L

Label 102–103
Lachs 85
Landwirtschaft 85
Lastwagen 43
Leben 32, 76, 122
Achtung 95
Ehrfurcht 24
Eigenwert 82
gutes ... 20–21, 26, 29, 33, 45, 79, 81, 122, 125–126
lebenswertes 77
Lebens-
-führung 122, 124–125
-kunst 128
-lust 128
-praxis 61
-qualität 98
-stil 86, 88
-überdruss 67, 71
-welt 123, 125
lebenswertes Leben 77
Legitimation 26, 39
Legitimität 39
Leiden 26, 98, 103
unnötiges 24, 95, 98–99
Vermeiden von Leiden 25
Leidenschaft 29–30
Leidensfähigkeit 32, 82, 98
Lenkungsabgabe 43
Lenkungsabgabe auf Tierversuchen 43
Lernziele 10
Lesben 36
Leserbrief 65, 108, 116
Letztbegründung 50, 56, 58
Liberalismus 31, 79
Liebe 123, 127–128
Literatur 33
Logik 54
logische Strukturen 117
Lohn 61
Manager 45, 60
Lügen 25

M

Macht 17, 28, 36, 63, 79
besseres Argument 38
-eliten 14
Medien 45
-monopol 38
staatliche 31
-wissen 39
MacIntyre, Alasdair 29, 126
Mafiamoral 22
Manager 122, 127
Egoismus 24
Lohn 45, 60
Mann 55
Markt 128
funktionierender 81
-versagen 81
Vertrauen in den 81
Marx, Karl 60–61
Maß 25, 29
Maßhalten 62
Maßnahmen, juristische 42
Maximaxkriterium 40
Maximinkriterium 32, 40
Medien 45
-ethik 75
Macht 45
Medizin 77
-ethik 27, 76–77
medizinethische Fragestellung 77
Meinung, persönliche 48
Meinungsbildung 65
Menschen 30, 76–78, 87, 98, 127–128
böse 127
Grundmuster 41
gute 10, 37, 121
konservative 51
-rechte 39, 52, 79
tugendhafte 112
-würde .. 15, 25–26, 30, 32, 36, 42, 76, 78
menschliche Autonomie 36
Metaethik 23, 31, 48
Militärdienstverweigerung 34
Mill, John Stuart 30
Mind Map-Technik 118
Minderheiten 100
-argument 86, 89
-schutz 52
Minimalkonsens 38
Mittelweg, goldener 62
moderne Ethik 35, 115
moderne Gesellschaft .. 19, 33, 35–36, 40–41, 79
Moore, George E. 31

Moral 20–21, 23, 30, 45, 48–49, 82, 114
    Angebot 35
    anything-goes-Moral 14
    Defizit 35
    faktisch gelebte 22
    Mafiamoral 22
    Nachfrage 35
    time out von 128
moral point of view . 9, 21, 37, 39, 84, 89, 106, 116
moralische Einsicht 113
moralische Empfindung 32
moralische Empörung 28
moralische Intuition 28, 50, 62
moralische Normen .. 28, 36, 113–114
moralische Position . 25, 47–48, 70, 84
moralische Prinzipien .. 22, 24–25, 32, 50, 80, 84, 115, 125–126
moralische Qualität 20
moralische Standards 42
moralische Überzeugung .. 20–21, 25, 37–38, 48–50, 54, 64
moralischer Konflikt . 34–35, 53, 84, 88
moralischer Stellenwert 88
moralisches Problem 105, 109
moralisches Subjekt . 25, 122, 126–127
moralisches Urteil 21, 26, 30, 114
Mord 54
Mord in der Schokoladefabrik 64
Mörder 62
Motivation 34
Multi 15
Mutter Teresa 60–61

Nachhaltigkeit 82, 89
Naivität 37
narrative Ethik 24
Natur 27, 30, 55, 82, 96
    Entitäten 81
    -gesetz 30, 127
    -ideal 82
    -katastrophen 128
    -schutz 82
    -wissenschaften 31, 48, 50
naturalistischer Fehlschluss . 27–28, 82
neue schweizerische Alpentransversale 44
Nichtableitbarkeit des Wortes «gut» 31
nichtnormative Aussage 30
Nichtwissen 32, 78
    Schleier des Nichtwissens 32
Nida-Rümelin, Julian 40, 75
Nikomachische Ethik 29
Nord-Süd-Konflikt 34

normative Aussage 20
normative Ethik . 17, 20, 23, 26, 84, 128
normative Position 50
normative Überzeugung 28
normative und faktische Annahme . 66, 117
normatives Urteil 24, 50
Normen 22–23, 27, 34, 51
    abstrakte 51
    der Gesellschaft 38
    moralische 28, 36, 113–114
Nutzung von Ressourcen 82
NZZ Leserbrief 67

objektive Information 48
Obskurantismus 64
Offenbarungswahrheit 22
Offenlegungspflicht 45
öffentliche Debatte 39
Öffentlichkeit 16
ökologischer Konflikt 34
ökonomische Rationalität 80–81
Ökonomisierung der Lebenswelt .. 123
Ökosystem 82
Ökozentrismus 82
Ordnungspolitik 83, 94
Orientierung
    emotionale 28
    sexuelle 38
    soziale 28
Orientierungs-
    -bedarf 35, 48
    -probleme 9–10, 34–35
    -suche 125
    -verlust 37
    -wissen 48

Pappkamerad 65
Papst 61
paranoide Deutung 60
Parteilosigkeit 15, 21, 27
Patentierung 77
Patentlösung 37
Pathozentrismus .. 82, 95–96, 98, 102
Patienten 76
    -autonomie 76
perfekte Welt 114
Person 24, 30, 76
    unschuldige 26
persönliche Haltung 24
persönliche Meinung 48
Persönlichkeitsschutz 81
Pfeifer, Volker 117
Pflichtkollisionen 26
Phantasie 17, 41, 58

Stichwortverzeichnis

Philosophen 29
-staat 39
Philosophie, analytische 31
Philosophie, praktische 33
philosophische Ethik 29, 45
philosophische Texte 118
Pieper, Annemarie 75
Platon 39
Pluralismus 15, 32, 36, 38, 49, 51, 79, 93
Podiumsdiskussion 107
Polemik 61
polemische Interpretation 71
Politik 29, 79
    Gesundheitspolitik 49
    Kritik 39
    Ordnungspolitik 83, 94
Politiker 39, 122, 127
politikethische Fragestellung 80
politische Entscheidung 39
politische Ethik 52, 78, 84, 92
politisches Handeln 38, 78
politisches Subjekt 39
Polizei 37
populistisches Argument 52
Position
    extreme 62
    moralische 25, 47–48, 70, 84
    normative 50
    Überdenken 53
positiv konnotierter Begriff 73
Präferenzen, kollektive 38
praktische Philosophie 33
Prämisse 54–55, 65
    implizite 71
präskriptives Urteil 20
principle of charity 58, 65–66, 70
Prinzipien 51–52
    -ethik 24, 95
    moralische . 22, 24–25, 32, 50, 80, 84, 115, 125–126
Psychologie 125
Publiforum 117

Q

Qualität, moralische 20

R

Rache 51
Rand Corporation 92
Rassismus 98
rationale Begründung 51
rationale Kriterien 53
rationales Argument 53
Rationalität 33, 40, 76, 125
    ökonomische 80–81
Rauchen 41, 45, 48, 60, 79

Rawls, John 32
Recht 37–38
    auf Darstellung der eigenen
        Geschichte 36
    auf Freiheit 97
    auf Religionsfreiheit 97
    Bürgerrechte 52
    Fischereirecht 85
    Menschenrechte 39, 52, 79
    Vertrauen in 91
rechte oder linke Straßenseite 28
rechtliches Argument 87, 89, 92
Rechtsethik 75, 93
Rechtsstaat 39, 52, 94, 97
red herring-Taktik 62
Redezeit 53, 55
reflektives Gleichgewicht 50–51
Reflexion 20, 23, 51, 91
    Aporie 37
    ethische 17, 22–23
    kritische 22, 37
Reflexionshilfe 84
Reflexionsprozess 51
Regulierungsinstrumente 41
Relativismus 38, 49
Religion 38, 73, 79, 94, 97, 101
Religionsfeindlichkeit 94
Religionsfreiheit 93, 96–97, 99
religiöses Argument 87, 89–90
Rentabilitätsargument 87–88
Reparationsforderungen 80
Reputation 123, 127
Ressourcen, Nutzung 82
Reversibilitätsargument 87, 89
Rhetorik 10, 17, 47, 58
    Figuren . . 59, 66, 71, 107–108, 117
    Kompetenzen 121
    Stilmittel 65, 71
    Techniken 59
richtig . . . 9, 25–28, 35, 50, 61, 64, 78, 85, 122
    außermoralische Bedeutung 21
    Definition 20, 116
    Umsetzung 24
richtige Antwort 39
richtiges Handeln . . 20, 25–26, 33, 45, 125–126
Risiko 21, 40–41, 82
    -beurteilung 40
    -minimierung 40
    -zuteilung 40
rituelles Schlachten . . . 92, 94–96, 98, 100–101, 103
Rosenberg, Jay F. 54–55, 118

S

säkulare Ethik 29
Sammelklage 80
Sanktionsmöglichkeiten 42
Satzaufbau 66
Schaber, Peter 11, 31
Schächten 92
    Schmerzen 93
    Verbot 93–94, 99, 103
Schadenersatz 77
Schatten des Zweiten Weltkrieges .. 94
Schema ethischer Urteilsfindung .. 83, 116
Schifffahrt 85
Schlachten, betäubungsfreies 95
Schlachten, rituelles ... 92, 94–96, 98, 100–101, 103
Schleichert, Hubert 59, 63
Schleier des Nichtwissens 32
Schlussfolgerung 49, 54–55, 65
Schmerz 95, 98
Schmidt, Thomas 40
Schochot 95
Schöpfungsaussage 90
schwacher Wille 127
schwangere Frau 51
Schwangerschaftsabbruch . 34, 51–52, 54, 64, 76
«Schwarze-Schaf»-Argument 60
Schweizerische Studienstiftung 9
Schweizerische Volkspartei (SVP) . 103
Selbst 125
    -bestimmung 73
    -bestimmungsrecht 67
    -bewusstsein 33
    -erkenntnis 122
    -interessen 22
    -kontrolle 45
    -mord 64, 66–67, 70
    -regulierung 42
    -sorge 122
    -ständigkeit 122, 126–127
    -studium 105, 115, 119
Sex 79
Sicherheit 28, 36, 73
Sidgwick, Henry 30
Singer, Peter 32
Sittengesetz 30
Skepsis 29
Sklaverei, Verbot der 80
Slippery slope-Argument 59, 72
Slogan 65
Snake River 85, 92
soap opera 45
Solidarität 79
souveräner Staat 45
Sozialdemokratische Partei (SP) .. 103

soziale Identität 36
soziale Orientierung 28
sozialer Konflikt 38
Sozialethik 36
Sozialhilfe 79
Sozialisten 36
Speziesismus 32, 98
Spezifizierungsebene 36
Sprachfeld 73
Staat 29, 35, 78–79
    Grenzen der Macht 31
    internationale Ordnung 35
    Machtmonopol 38
    Philosophenstaat 39
    Rechtsstaat 39, 52, 94, 97
    souveräner 45
    Steuerung 42
    Verbot 42
    Verfassungsstaat 52
    weltanschauliche Neutralität ... 79
Staatsgewalt 39
Staatsversagen 81
Stakeholder 34, 82, 84, 86, 89
Stalin, Josef 63
Stammzellen 60
Standards, moralische 42
«Star Trek» 114
«Star Wars» 114
Staudamm 85
    Abbruch 91
Stellenwert, moralischer 88
Stellungnahme 23
Sterbehilfe .. 32, 42, 64, 66–67, 70, 76
    aktive 32
    -debatte 73
    -organisation 67
Steuer 43, 79
    -flüchtling 81
    -hinterziehung 81
    -quote 81
    -schlupfloch 100
    -wettbewerb 81
Steuerhinterziehung und Kapitalflucht deutscher Staatsbürger in die Schweiz 81
Steuerungsinstrumente 41
Stil, apokalyptischer 31
Strafe 51
strategische Bedeutung 52
Streit 38
Stromproduktion 85
Stromsparprogramm 90–92
Strukturen, logische 117
Studienstiftung, Schweizerische 9
Subjekt, moralisches 25, 122, 126–127
Subjekt, politisches 39

Stichwortverzeichnis

Subsidiarität 52
Subvention 85
Suchtmittel 45
Suizid 64, 66–67, 70
symbolische Ordnung 36
systematische Ethik 29

T

Tabu 37, 58, 63
    Definition 64
Tabuisierung 64
Tamaro, Susanna 125
Tapferkeit 29
Taylor, Charles 50
Technik 31
    der Argumentation 59
    -ethik 75
    Mind Map-Technik 118
teleologische Ethik 25–26, 29
Teufel 121
Textanalyse 23, 65–66, 68, 117
Texte, philosophische 118
Theologie 33
Thomson, Anne 47
Thurnherr, Urs 75
Tier 51, 77, 87, 95, 98–99
    -ethik 32, 75
    -freund 63
    -haltung 103
    -liebe 63
    -schutz 93, 96, 98–101, 103
    -schutzverein, Schweizerischer 103
    -versuch 43, 100
tierliebende Diktaktoren 63
time out 128
Tod 26, 62, 76, 124, 128
Tod unschuldiger Personen 26
Todesstrafe 51, 62
Toleranz 49
Tötungsverbot 24, 33–34, 51
Tradition 9, 19, 27, 29, 34, 99, 125–126
Transparenz 45, 102
Triebe 30
Tugend 24, 29, 34, 112, 125
    -ethik 24–27, 29, 45, 95, 122
    Fehlen von 25
tugendhafte Menschen 112
Tu-quoque-Argument 60

U

Überbietung ironische 61
Übertreibung 64
Überzeugung 48, 50–51, 126
    moralische . 20–21, 25, 38, 48–50, 54, 64
    normative 28
Überzeugungsarbeit 110
Überzeugungskraft 53, 58

Übungen 105
Umgang mit dem Lebensende 34
Umsetzung
    freiwillige 38
    Garantie der 37
    richtige 24
    situative 24
Umwelt 44, 81, 126
    -dilemma 82
    -ethik 81, 84
    -politik 21
    -probleme 14, 33
    -zertifikate 44
umweltethische Fragestellung 83
Ungehorsam, ziviler 38
unnötiges Leiden 95, 98–99
UNO 45
Unparteilichkeit 22
unschuldige Person 26
Unternehmen 24, 43, 80
    Agro-Unternehmen 60
Unverfügbares 127
Unwissenheit 40
Urteil 20
    allgemeingültiges 22
    deskriptives 20
    ethisches 38, 116
    intersubjektives 28
    moralisches 21, 26, 30, 114
    normatives 24, 50
    präskriptives 20
    Werturteil 71
Urteilsfindung, Schema ethischer . 83, 116
utilitaristische Ethik 25, 30

V

Verantwortung 30, 32, 55
    Abgabe von Verantwortung . . . 37
Verantwortungsethik 26, 90
Verbot 24, 63–64, 82
    der Sklaverei 80
    Schächten 93–94, 99, 103
    staatliches 42
Verbot des naturalistischen
    Fehlschlusses 27
Verbrechen 51
Vereinfachung 64
Verfahrensregeln 21
Verfassungsstaat 52
Verfolgung 100
Verhaltensänderungen 41
Verifizierung 50
Vernunft 27, 29, 94, 122, 125
    autonome 27
    neuzeitliche 27
    -wesen 30

W

Vernünftigkeit 39
Versorgungsargument 87–88
Versprechen 25
Verstehen 58
Versuchung 125
Verteilungsgerechtigkeit 79
Verteilungsproblem 77
Vertrag 28
    gerechter 28
vertragstheoretische Ethik 32
Vertrauen 27, 124
    in den Markt 81
    in Recht 91
voluntary agreements 43
Vorsorgeprinzip 40
Wahrheit 48–50, 63
    absolute 49
    ethische 50
    Kostenwahrheit 91
    Kriterien 50
    moralischer Positionen 47
    Offenbarungswahrheit 22
Wahrheitsanspruch 48–49
Wahrheitsfrage 49
Wahrheitsgehalt 61
Wahrnehmung 32, 51
Welt, perfekte 114
Weltanschauung 9, 21, 36, 79, 101
«Wenn-dann»-Annahme 99
«Wenn-dann»-Aussage 83
«Wenn-dann»-Behauptung 54
Werbung 36
Wert 25, 34, 36, 64
    Defizit 35
    -deklaration 58
    Eigenwert 81–82, 87–88, 99
    Grundwerte 38, 84
    -haltung 79
    -urteil 71
    -vorstellung 21, 35, 58, 79
Werte-
    -konflikt 84, 93
    -konsens 37
    -pluralismus 36
    -schwund 34, 37
    -system 51
Wertung 101
Wettbewerbsnachteile 80
Widerspruch 71
Widerspruchslosigkeit 22, 27, 50
Wiedergutmachungskosten 43
Wille
    freier 30
    guter 26
    schwacher 127

Willensfreiheit 70
Williams, Bernard 64
Willkür 67
    -verbot 39
Wirtschaft 60, 80
wirtschaftliche Innovation 77
Wirtschafts-
    -ethik 80
    -macht 14
    -ordnung 35, 80
    -wissenschaftler 118
wirtschaftsethische Fragestellung ... 81
Wissen, diskursiv-rhetorisches 58
Wissenschaft 38, 49, 107
    Biowissenschaft 77
    empirische 20
    Naturwissenschaft 31, 50
Wissenschaftler 122, 127
    Naturwissenschaftler 36, 118
    Wirtschaftswissenschaftler 118
wissenschaftlicher Blick 107
Wissenschaftsethik 75
Wissensgesellschaft 36
Wohlstand 15
Wolf, Jean-Claude 31
Wölfe im Wallis 83
Wolfsschutz 83
Wortwahl 66, 71, 107
wrongful life 77
Würde 73
    des Kopfsalates 114
    Menschenwürde ... 15, 25–26, 30,
        32, 36, 42, 76, 78

Z

Zigarette 41, 48
ziviler Ungehorsam 38
Zorn 17
zukünftige Generationen 14, 32, 82
Zustimmung 30
Zuteilung der Beweislast 70
Zwang 28
    der Imagination 62

Die Bilder

Zum Umschlag und den Kapitelbildern

Die Bilder zeigen die keramische Umsetzung folgender Gedanken: Wechselseitigkeit – in Gestalt gegenseitiger Verantwortung, Abhängigkeit oder Achtung – spielt bei der Entwicklung ethischer Kompetenzen in einem gesellschaftlichen Miteinander eine zentrale Rolle. In Interaktionen zwischen Menschen untereinander bzw. Menschen und ihrer Umwelt wird kommuniziert und gehandelt. Die Wirkungen dieser Handlungen schlagen sich auf einer Oberfläche nieder, die so zur Spurenträgerin wird. Diese Oberflächen werden jedoch nicht nur von äußeren Einflüssen, sondern gleichzeitig auch von inneren Kräften geprägt und begrenzen die Form. Die Gefäßkörper stehen letztlich als Metapher für die menschliche Daseinserfahrung.

Steinzeug, gedreht, bearbeitet und mehrmals auf 1245° C oxidierend gebrannt, Höhe 22–71 cm.